成交

锻造王牌房地产经纪人

赵 炜　魏思远　编著

中国建筑工业出版社

图书在版编目（CIP）数据

成交　锻造王牌房地产经纪人 / 赵炜，魏思远编著. —北京：中国建筑工业出版社，2016.12
　ISBN 978-7-112-20136-5

Ⅰ.①成… Ⅱ.①赵…②魏… Ⅲ.①房地产－销售－基本知识　Ⅳ.①F293.352

中国版本图书馆CIP数据核字（2016）第296101号

责任编辑：率　琦
责任校对：王宇枢　李欣慰

成交
锻造王牌房地产经纪人

赵　炜　魏思远　编著

*

中国建筑工业出版社出版、发行（北京海淀三里河路9号）
各地新华书店、建筑书店经销
北京京点图文设计有限公司制版
北京圣夫亚美印刷有限公司印刷

*

开本：880×1230毫米　1/32　印张：8⅛　字数：195千字
2017年4月第一版　2017年4月第一次印刷
定价：25.00元
ISBN 978-7-112-20136-5
　　（29612）

版权所有　翻印必究
如有印装质量问题，可寄本社退换
（邮政编码 100037）

夯实基础　厚积薄发

序言

"房管局凌晨排队"、"二手房交易大厅堪比春运"、"济南学区房一周连涨50万"、"北京二手房主打死不收定金，担心明天再涨价"等，类似的标题见诸报端。随着国家信贷政策和税费政策的松绑，全国二手房市场再一次活跃起来；大大小小的房产中介，无论是品牌公司，还是夫妻小店；无论是互联网企业，还是传统中介，都摩拳擦掌，跃跃欲试，试图在火爆的市场中分得一杯羹。

市场的火爆，也带动了更多的年轻人从事房地产经纪行业。但是这个行业看似简单，实则难度不小。就跟郭德纲评价相声行业似的，房产中介这个行当也是看着简单，谁都可以干，但是进去以后梯子在里面，要爬到顶非常难。初入这个行业，没完没了的电话、无休止的培训、不间断的陌生拜访等，没有一定的耐性，的确很难适应。因为行业的人才缺口比较大，所以年轻人入这一行比较容易，但是进去以后"近乎痛苦的折磨"又让很多年轻人受不了，最终不得不选择快速退出。

如何正确地认识这个行业、如何打牢基础、如何与客户交流、房地产交易的流程是什么等等，一系列问题摆在经纪人面前。这些都将在本书中逐个予以阐述。多深的根基，筑多高的墙。我们始终相信，最好的技巧就是基本功扎实。有了厚实的内涵修养和文化底蕴，才能有发自内心的自信。本书的内容重点是让大家丰富自己，扩展视野，打牢基本功，所以在话术，还有一些所谓的"技巧"方面涉及的少一些。指望通过看完这本书,"就立马业绩翻番,或者几个月后成为月收入百万的经纪人"等等,那么我明确告诉你,这个办不到。

我和魏思远相识于2000年,那时齐鲁楼市不动产刚创立,搜房网二手房进驻济南时间也不长。认识老兄之后,工作中互相扶持帮助,相互探讨,从他身上学到了很多东西。作为一个来自草原的内蒙古汉子,他始终很重视兄弟们的感情,无论是工作还是生活,他不光锦上添花,也雪中送炭,在业内深受好评。如今随着搜房的整体转型,他也开始从事房产中介的实体工作,济南的工作开展得有声有色。很多时候,我们共同感慨于从业人员素质的良莠不齐,所以一拍即合,共同整理出这么一本面向房地产经纪人的书籍,希望能对大家有所启发。

本书比教科书生动,但阅读起来比纯教技巧的书要"费点劲",在每一页下面,我们还整理了一些类似于"打鸡血"似的销售激励话语(励志语)。当你读累了的时候,可以看看,给自己鼓鼓劲、加加油。虽然我们的初衷是好的,也耗费了很多的时间和精力,但是毕竟水平有限,不当之处,敬请各位读者批评指正。本书在编写过程中得到了济南双收传媒有限公司的大力支持,其为本书的策划做了大量的工作。书中也参考、摘录了来自网络和其他同业书籍的部分内容,在此对相关作者一并表示感谢。

赵　炜
于济南

目 录

第一部分 认识你的职业

备受关注的房产中介	002
互联网背景下的房产中介	005
房地产经纪人的前世今生	007
房地产经纪人职业发展趋势	012
房地产经纪人的社会地位	016
房地产经纪人岗位职责	018
房地产经纪人岗位特征	020
房地产经纪人职业生涯规划	022
房地产经纪人职业规范	025
房地产经纪人职业道德	027
房地产经纪人职业价值观	029
房地产经纪人职业素质	032
房地产经纪人的违法违规行为	035
房地产经纪人应具备的知识	037
房地产经纪人应具备的能力素质	041
房地产经纪人应具备的心理素质	045
房地产经纪人员的权利与义务	049
房地产经纪人的生存法则	050
最影响经纪人业绩的坏习惯	053
有关房地产经纪人的小问答	055

第二部分 夯实基础心不慌

- 打造完美的个人形象 ⋯⋯⋯⋯⋯⋯⋯⋯⋯⋯⋯⋯⋯ 058
- 接听电话也有礼仪 ⋯⋯⋯⋯⋯⋯⋯⋯⋯⋯⋯⋯⋯⋯ 061
- 递送名片有讲究 ⋯⋯⋯⋯⋯⋯⋯⋯⋯⋯⋯⋯⋯⋯⋯ 064
- 介绍礼仪勤琢磨 ⋯⋯⋯⋯⋯⋯⋯⋯⋯⋯⋯⋯⋯⋯⋯ 067
- 握手学问大不同 ⋯⋯⋯⋯⋯⋯⋯⋯⋯⋯⋯⋯⋯⋯⋯ 069
- 电梯礼仪 ABC ⋯⋯⋯⋯⋯⋯⋯⋯⋯⋯⋯⋯⋯⋯⋯⋯ 072
- 不可不知的网络礼仪 ⋯⋯⋯⋯⋯⋯⋯⋯⋯⋯⋯⋯⋯ 074
- 精耕商圈打基础 ⋯⋯⋯⋯⋯⋯⋯⋯⋯⋯⋯⋯⋯⋯⋯ 076
- "大打出手"该休矣 ⋯⋯⋯⋯⋯⋯⋯⋯⋯⋯⋯⋯⋯⋯ 081
- 你卖的不是房子 ⋯⋯⋯⋯⋯⋯⋯⋯⋯⋯⋯⋯⋯⋯⋯ 083
- 管理好自己的时间 ⋯⋯⋯⋯⋯⋯⋯⋯⋯⋯⋯⋯⋯⋯ 085
- 调整心态应对淡季市场 ⋯⋯⋯⋯⋯⋯⋯⋯⋯⋯⋯⋯ 087
- 新式揽客法初探 ⋯⋯⋯⋯⋯⋯⋯⋯⋯⋯⋯⋯⋯⋯⋯ 089
- 价值排序在房屋交易中的应用 ⋯⋯⋯⋯⋯⋯⋯⋯⋯ 092
- 听好培训课的要领 ⋯⋯⋯⋯⋯⋯⋯⋯⋯⋯⋯⋯⋯⋯ 094
- 买卖知识的问答 ⋯⋯⋯⋯⋯⋯⋯⋯⋯⋯⋯⋯⋯⋯⋯ 098
- 租赁知识的问答 ⋯⋯⋯⋯⋯⋯⋯⋯⋯⋯⋯⋯⋯⋯⋯ 116
- 贷款知识的问答 ⋯⋯⋯⋯⋯⋯⋯⋯⋯⋯⋯⋯⋯⋯⋯ 129
- 法律知识的问答 ⋯⋯⋯⋯⋯⋯⋯⋯⋯⋯⋯⋯⋯⋯⋯ 142

第三部分 交易流程要牢记

- 房源开发的途径 ⋯⋯⋯⋯⋯⋯⋯⋯⋯⋯⋯⋯⋯⋯⋯ 148
- 客源开发的途径 ⋯⋯⋯⋯⋯⋯⋯⋯⋯⋯⋯⋯⋯⋯⋯ 150

不同类需求的房客源开发……152
独家委托签约窍门……155
房客源配对要精确……160
带看全程细思量……163
意向金：抓住客户的第一步……167
说服业主收定金……169
合同签订莫轻视……172
收取佣金：至关重要的一环……174
二手房过户三步走……177
交房手续办齐全……179
售后服务做充足……182

第四部分 掌握技巧速成交

留给客户最好的第一印象……186
掌握谈判的核心要领……188
"能说会道"显功效……191
带看常犯的错误及规避办法……193
这样的销售方式不可取……197
说服客户的秘密……199
高手常用的成交方法……203
介绍房源的七个技巧……208
快速明确客户意向……210
房东议价十二法……212
提升网络客户来电量……215
进入顾客的"买房频道"……218

巧妙对待难缠的客户…………………………………………… 221
顶层房销售有妙招……………………………………………… 224
房主突然涨价怎么办…………………………………………… 227
有效潜在客户的遴选…………………………………………… 229
陌生拜访的技巧………………………………………………… 231
给客户去电的最佳时间………………………………………… 236
购房客户的类型………………………………………………… 238
客户心理特征细分析…………………………………………… 241
购房的七个心理阶段…………………………………………… 245
获取客户好感的八个技巧……………………………………… 247
四种信号表明就要签单………………………………………… 249

第一部分 认识你的职业

备受关注的房产中介

伴随着我国房地产市场的成熟和发展，房产中介行业也一步步发展起来。最初的房产中介因为吃差价、不讲信用、乱收费等各种现象，让社会大众都冠之以"黑中介"，人们对房产中介的信任度极低。最近几年，随着一些实力雄厚的机构和资本的关注，房产中介逐步走向品牌化、连锁化、正规化，房产中介在人们心目中的地位也在逐步提高。由于其承担的交易关系千家万户，关系民生工程，所以房产中介的发展备受社会各界的关注。

狭义的房产中介是指在房地产市场中，以提供房地产供需咨询、协助供需双方公平交易、促进房地产交易形成为目的而进行的房地产租售的经纪活动、委托代理业务或价格评估等活动的总称。广义的房产中介服务，是指覆盖房地产投资、经营管理、流通消费的各个环节和各个方面，为房地产的生产、流通、消费提供多元化的中介服务。按照《城市房地产管理法》的规定，我国房产中介服务主要表现为房地产咨询、房地产经纪和房地产估价三种形式。综合起来讲，房产中介服务是为房地产投资、开发和交易提供各种媒介活动的总称，它包括房地产咨询、房地产价格评估、房地产经纪等活动。

房地产咨询是指接受客户的委托，为其提供信息、资料、建议，或为其提供房地产专项研究、市场调查与分析、项目策划、项目可行性研究等服务并收取费用的一种有偿的中介活动。目前，我国的房地产咨询业可以为房地产投资者提供包括政策咨询、决策咨询、工程咨询、管理咨询等在内的各种咨询服务,也可为房地产市场交易行为中的客户提供信息咨询、技术咨询等中介服务。

房地产价格评估是指以房地产为对象,由专业估价人员根据一定的估价目的,遵循估价原则,按照估价程序,选用适宜的估价方法,并在综合分析影响房地产价格因素的基础上,对房地产在估价时点的客观合理价格或价值进行测算和判定的经营活动。

房地产经纪是由房地产经纪人(个人或机构,统称经纪人)完成的促进房地产市场交易顺利实现一系列居间、代理、行纪等中介活动,是以提取佣金为经营特征,为房地产买卖、交换、租赁、置换等提供信息及信托劳务工作的中介服务。

本书所讲的房产中介仅指房地产经纪,主要是通过提供各种信息和咨询,依靠房产中介机构的专业人员所拥有的各种专业知识,依靠他们特有的组织机构,特殊的活动方式和方法,为房地产市场的各种主体提供专业服务,因此它与一般的房地产开发与经营、房地产交易活动有很大区别。房产中介服务有如下一些特点:

1.房产中介活动具有内容的服务性,房产中介是提供各类信息、咨询的经营活动。这个行业的产品就是服务,服务的质量、水平标志着产品的质量、水平。在整个服务过程中,中介机构既不占有商品也不占有货币,主要是依靠自己的专业知识、技术、劳务等为房地产各种部门提供中介代理和相关服务。

2.房产中介活动具有非连续性和流动性的特点。房产中介在为客户提供服务时,就形成了中介人与委托人的关系,即服务和被服务的关系。这种关系不是长期的和固定的,而是就某一事项达成的一种契约关系。这种服务一旦完成,原有的契约关系也就解除,即委托服务一终止,房产中介机构就再去与其他的委托人建立新的服务与被服务的关系。房产中介服务的这种特点容易引发两类问题：一是导致部分房产中介机构忽略自身的责任，在提供短期服务的过程中以获取佣金作为唯一目的而采用欺骗、误导等手段故意损害委托方的利益；二是在中介行业竞争激烈的情况下，由于中介方与委托方通常缺乏长期合作的可能而导致委托方故意损害中介方的利益，如经纪人被交易双方"甩掉"导致其投入的时间和精力无法得到补偿。

3. 房产中介活动具有极大的灵活性。因为房产中介服务机构与服务对象之间没有固定的联系和关系，不受交易对象的限制，也不受交易主体的制约，从而使它具有极大的灵活性。也就是说，它可以不受时间、地点、交易对象和交易方式的限制。

互联网背景下的房产中介

2000年以前，济南的房地产中介市场还是以当地的品牌为主，直营超过10家的店面几乎没有，当时的房产中介基本上是"五个一"，即"一个小屋、一张桌子、一张椅子、一个本子、一部电话"，大部分是小弱散差，多为夫妻店，当时好多中介因"骗取看房费"、"现金收房"、"吃差价"、"乱收中介费"等不规范的行为，让大众对房产中介留下了很多负面的印象。这种情况一直持续到2005年21世纪不动产等大品牌进驻，那时候这些大中介开一个店面就二三百平方米，统一的着装、干净的门脸、正规的作业工具，同时他们承诺不赚差价、不收看房费等，直击消费者的痛点，一下子在济南站稳了脚跟。此时，济南的房产中介已经走上了真正的品牌化、规模化和正规化。在这些大品牌的带动下，济南本地的房产中介也纷纷开始注重培训、注重品牌建设、注重人才培养，房产中介市场呈现"百花齐放"的态势。

这种情况大概持续了10年，随着互联网产业的发展，越来越多的传统行业也积极"触网"，一些互联网公司也进入房地产中介的实体中来。2015年，对济南房地产中介市场而言，搜房和链家的进驻对市场造成了很大的震撼，它们分别是目前互联网房产经纪公司模式的两个代表。

一类是异军突起的"互联网中介"，如搜房网。互联网中介的优势在于能向客户呈现最真实、最完整的信息。此外，由于少了部分租用中介门店的成本压力，以及在强大数据库支持下的效率提升，互联网中介可以在低佣金状况下维持生存。另一类是传统中介转型，如链家。链家本身就是做房产中介的，实施积极的并购政策，并全力打造自己的链家网，快速获取了大量优质的房源、客源和经纪人资源，完成线上线下的布局。济南房地产中介的发展可以管窥全国。

在"互联网+"的时代，竞争不但在线上，也在线下，而且更加激烈。企业取得成功的关键在于站在新的视角，重新定义行业、竞争对手以及自己，并运用合适的策略高效地实现定位。在互联网房产经纪行业，这一准则同样适用。市场变化日新月异，中介行业迎来了战况异常激烈的大洗牌。在新、旧观念的大碰撞中诞生的新模式很可能会改变整个行业的格局，确立新秩序。

对于房地产经纪人来说，也要根据自己的职业生涯规划，选择适合自己的公司进行发展。如果是初入行业者，建议先进入大的、有实力的品牌公司，在这里可以得到系统的培训，接触到行业的"高手"，这些是在小中介公司所无法得到的。

房地产经纪人的前世今生

房地产经纪人就是指在房屋、土地的买卖、租赁、转让等交易活动中充当媒介作用,接受委托,撮合,促成房地产交易,收取佣金的自然人和法人,凡是从事房地产销售工作的都属于房地产经纪人。但是,由于我国房地产销售的特点,现在我们一般将从事一手房销售的称为置业顾问,将从事二手房交易的称为房地产经纪人。

1.房地产经纪人的历史

中国是一个历史悠久的古国,两千多年前就出现了经纪活动。在西汉,经纪人被称为"驵侩";唐代称经纪人为牙人、牙郎;到了宋、元时期,出现了外贸经纪人,宋代称"牙侩",元代称"舶牙";明清时期,经纪人称"牙人",明代还把牙人分为官牙和私牙,同时还出现了牙行,即细指代客商撮合买卖的店铺。清代,在对外贸易中,经纪人被称为"外洋行"。清代后期还出现了专门的对外贸易的经纪人"买办",到了民国时期,随着经营股票和债券买卖的出现,在中国历史上第一次出现了债券经纪人。

解放初,我国对经纪人采取限制、取缔政策,同时规定经纪人在指定的场所活动,设立了全民和集体所有制的信托、经纪机构,兼营购销双方的居间业务。1958年取缔经纪人,但在农村的集市贸易中,允许公民个人为促成农副产品交易进行居间活动。1980年以后,经纪活动开始复苏,但经纪人活动仅为不公开的"地下"

居间活动。1985年后，经纪人由"地下"到"地上"，以公开、合法的身份从事经纪活动。1992年以来，经纪人处在逐步发展阶段，国家对经纪人采取"支持、管理、引导"的方针，使经纪活动逐步走上了正轨。

2. 房地产经纪人现状

房地产经纪行业作为一种"舶来品"，与内地房地产开发同时起步，目前已有数十年的历史。据不完全统计，我国每年有超过10亿平方米的一手房转化为二手房。而在二手房交易中，超过60%是通过房地产经纪服务促成的。其中，北京、上海、广州、深圳等经济发达城市这一比例已达80%以上。房地产经纪服务在活跃二手房市场、改善消费居住水平等方面发挥着重要作用，已成为市场经济中不可或缺的组成部分。

自20世纪80年代后期以来，随着房地产交易量日益扩大，房地产经纪人从业人员队伍迅速发展成为一支数以10万计的职业大军，在房地产开发、销售、租赁、购买、投资、转让、抵押、置换及典当等各类经济活动过程中，以第三者的独立身份，从事顾问代理、信息处理、售后服务、前期准备和咨询策划等工作，而且其从事的职业活动也随社会经济发展而进一步拓展，从规划设计、建造运筹、经营促销到物业管理的咨询策划，全方位地融入房地产经营开发的全过程，对促进房地产业的正常发展，日益发挥着不可替代的巨大作用。

全国该职业现有从业人员不低于45万人，而且还在不断扩展之中。该职业从业人员在地域上主要集中分布在全国的大中型城市，但已有向中小型城市扩散的明显态势。

房地产经纪人已成为常年招聘但总是招聘不足的职业之一，在人力资源市场上是典型的供方市场，缺口较大，就业形势很好。

该职业从业人员的收入不大稳定,但每年更新率很高,达15%以上,即一方面不断有人进入,另一方面也有许多人被淘汰出局。

在中国香港和台湾地区,该职业是比律师更为人们所看好的职业;在人口流动性较大的美国和西欧,更是100多年来平均收入稳居全国前20名的传统而又不断获得新生活力的职业之一。

由于国内房地产业中新建房势头正猛,二手房市场日见广阔,加上社会上二次置业潮流方兴未艾,本职业的前景预期十分良好,预计在未来的20~30年内,从业人员总数将呈几何级数增长。整个行业从业人员将大幅增加,属于快速发展的朝阳型职业之一。但由于从业人员素质参差不齐,尤其是一些从业者见利忘义,化经纪为经营,化售房为炒房,干出很多先垄断房源然后再抬价出售等不规范行为。因此,按照房地产经纪人的职业特点,标准化、制度化地建立起规范完整的职业体系和与国际惯例接轨的行业自律体系,制定统一的工作规范,对本职业从业人员素质的提高,整个职业稳定和健康地持续发展,具有十分重要的现实意义。

3. 房地产经纪人资格认证

2014年以前,房地产经纪人需要通过国家统一组织的考试才能从事相关职业,而且如果想开办房产中介公司,还需要一定量的房地产经纪人资格证书,2014年,国务院印发《关于取消和调整一批行政审批项目等事项的决定》取消11项职业资格许可和认定事项,其中包括房地产经纪人。房地产经纪人从准入类职业资格转为水平评价类职业资格,至此,房地产经纪人不再实行执业准入控制,不将取得职业资格证书与从事相关职业强制挂钩;对取得职业资格证书的人员不再实行注册管理;取得资格人员按照专业技术人员管理规定参加继续教育,不再将职业资格管理与特定继续教育和培训硬性挂钩。

4. 独立经纪人

"独立经纪人"这一经营模式源于美国,经过60多年的发展完善,如今畅行欧美国家。北京、上海等地在几年前率先推出独立经纪人概念,未来的市场,将会是多种中介模式并存合作共同发展的局面。独立经纪人,简单说就是成为中介机构的加盟合作人、自己开拓市场的经纪人。独立经纪人和公司之间是合作关系,拥有自由空间;不需要坐班,自由开展业务;独立发展资源网络与客户群,建立自己的信息库;代理买家、卖家,相互合作;结合加盟机构品牌打造个人品牌。独立经纪人拥有高额度的佣金提成比,分享全部佣金的65%以上作为收入,是一种自己做事业、自己做老板的模式。据了解,在美国,有85%的房屋交易是通过独立经纪人完成的,独立经纪人在国外其他地区都是一种渴求的职业,也是受到很多交易人尊重的职业。同时,独立经纪人的职业令人羡慕,收入颇丰。

与门店业务员相比,独立房产经纪人本质上不是在为中介公司打工,他们可以自由支配工作时间,在业务成交收入上肯定也能有较高提成,在工作性质上与私人律师相似,可以自己成立经纪事务所,也可以与中介公司合作。

房地产独立经纪人模式是对传统经营模式的一种挑战,完全把一个房地产经纪人或者小组变成一个独立的个体团体。其中每一个团队之间是一种合作的关系,每一个经纪人和公司之间也是一种合作的关系。公司为每一个经纪人或团队提供的是一个销售、签单、把握客户、售后服务以及提供保障的操作平台、信息平台及办公场地。

目前在国内,一个经纪人要真正做到在全部业务开展流程中自己掌握所有信息还是有难度的,现有的独立房产经纪人会普遍采用合作的方式：在积极开拓信息源的同时，拿自己能掌握的信息与别人（中介公司、别的独立房产经纪人）配对，共同完成交易后分配佣金。

房地产经纪人职业发展趋势

"房地产经纪人"这个流行于欧美发达国家精英人群的职业名词,已经随着近年来中国房地产市场的蓬勃发展,逐渐被国人所接受。房产经纪人作为一种新的职业类型进入中国市场,不过是近十几年的事情,然而它的发展势头却非常迅猛,更为重要的是,相对于发达国家来说,中国房地产经纪行业的发展仅仅是刚刚起步,其背后蕴藏着巨大的发展空间。

从房地产经纪人的职业性质来看,其职业发展与国家的房地产市场乃至整个国民经济的发展有着密切的联系。作为与房地产市场相关的衍生职业,房地产经纪人具备独立性与依赖性并存的复杂的职业特征。一方面,根据经纪人行业的职业特点,经纪人在从事居间活动时,相对于业务双方当事人来说,具备第三者的身份,这为经纪人的独立执业奠定了基础,同时,这也是经纪人行业与代理人行业的重要区分标志。另一方面,由于房地产经纪人所从事居间活动的标的物主要为"房产"这一特殊物品,从而决定了房地产经纪人的职业活动范围必然不会脱离房地产市场,因此国家宏观经济以及房地产市场的变化趋势将直接影响到房地产经纪行业的发展前景。

目前中国的房地产经纪人行业仍然处于一个非常低级的职业水平,其特点集中体现在,经纪服务内容单一、从业人员素质不高、专业知识匮乏、执业信誉较差等,这一系列问题直接导致的后果就是，房地产经纪人在整个社会中的美誉度较低。对于一般社会大众来说，更喜欢将经纪人称为"中介"这一略带贬义的名词，这也从另外一个侧面反映了当前房地产经纪人所处的一种尴尬境地。为什么房地产经纪人在当前的中国社会中很难获得其应有的职业声誉呢？众所周知，房地产行业的专业性是非常强的，这必然要求从业人员具备良好的职业素质，因为这是其服务质量的基本保障。由于房地产经纪人的主要工作范围是在房地产三级市场，也就是说，经纪人本身并不会像开发商下属的售楼人员或代理人员那样，以出售己方的房产为其主要工作内容，而是更侧重于提供专业化咨询的服务，因而更像是架设在房地产买卖双方之间的"桥梁"。能否给顾客提供满意的服务，是衡量房地产经纪人工作成功与否的重要标准，那么在整个房地产经纪业务活动中，经纪人的作用就显得尤为突出。当前的房地产经纪行业以经纪公司为主体架构的业务模式进行盈利活动，公司是市场的主体，而经纪人过分依赖于公司搭建的框架从事经纪活动。在这种体制下，经纪人在从事业务的过程中，更多的是以公司的信誉为担保，缺乏必要的独立性及责任感，同时，其执业的大部分收入都由公司赚取，而作为业务主体的经纪人只能取得其中较小的一部分，利润的分配不均，导致了经纪人普遍存在不满的心态，加速了本行业的人才流失。就目前经纪行业的薪资标准来看，很难对高素质人才产生吸引力，而人才的匮乏正是当前经纪行业难以发展的重要原因。

据调查，很多房产买卖当事人认为，目前经纪行业的收费标准与其所提供的服务并不相称。对于很多经纪公司来说，其服务内容还是处于一种非常原始的状态，仅仅限于提供一些未经加工的房源信息，至多再提供一些简单的过户贷款协助工作。对于经纪人，在此业务活动的过程中，其角色也仅仅是简单信息的提供者，而忽略了经纪人作为专家顾问的专业本质，职业内容的简单化，使得经纪人这一职业并未发挥其应有的作用。由于行业的不规范对社会大众造成的误导，使得公众以错误的标准评判经纪人行业。就像一个从未吃过螃蟹的孩子，只是听说其非常美味，可是当第一次吃到螃蟹时，却因为不新鲜而导致拉肚子，那么试想一下，当他下一次再见到螃蟹的时候，会认为这是非常美味的东西吗？我们社会大众，由于并没有接受过真正优质的经纪服务，所以无法给予经纪人职业一个公正的评价，也就不足为怪了！

随着经济的飞速发展，人们接受服务的意识也将会越来越强烈，传统的具有中国特色的中介服务已经愈发暴露出其严重的弊端，随着国外先进服务意识的渗透，经纪人行业的发展也是势在必行，以适应经济的发展和人们的需求。

经纪人行业想要发展，必须有一个良好的职业发展环境，一方面，必须重视行业的从业人员，也就是说，房产经纪人应该成为房地产市场真正的主体。就像律师、注册会计师等职业一样，个人信誉应该成为执业发展的基础，被社会大众所认可，而绝不能以传统的公司为主体提供服务。另一方面，丰厚的薪资待遇也是经纪人行业发展的必要条件，只有这样，才会有足够的吸引力为整个行业储备足够的人才。应该说，这是经纪行业想要发展的基础，离开这一条件，再说任何标准都会显得苍白无力。试想一下，以研究生的标准选拔房产经纪人，而以中专生的待遇制订薪资标准，99.9%的人都会感到失望。当房地产经纪人这一职业在精神和物质层次上都得到充分重视的情况下，待其对于社会人才有了足够的吸引力之后，严格的行业准入制度也将成为保证服务质量的必要条件。就像国家司法考试、注册会计师考试一样，人才的细致选拔是整个行业发展的基石，可以避免资源不必要的浪费，随着经纪行业的飞速发展，房地产经纪人行业的准入考核必将成为社会职业考核的重要组成部分。房地产经纪人职业内涵的转变，是今后房地产经纪行业发展的必然趋势。过去中介行业那种以提供单一信息为主的经营模式已经是弊端重重，因为随着通信技术的发展，获取信息的方式已是多种多样，房地产交易者可以通过许多方式获取房源信息，比如互联网、报纸等，传统中介失去了信息垄断的优势，也就失去了其生存的空间，那么淘汰也就成为必然。生存的压力迫使中国的经纪人行业开始重新定位自我，服务内容的多样化和个性化成为必然的选择，以适应经济发展的需要。

应该说，专家顾问型的房地产经纪人将会成为今后经纪人行业发展的潮流。"省心、省力"是国内外经纪人行业一致追求的职业目标，而实现这一目标，就要求经纪人在从事经纪活动中，更多的是以房地产交易双方顾问的身份出现，以其丰富的专业知识和优质的服务意识为当事人提供业务咨询，以帮助当事人做出最合理的选择。服务质量的提高和深度的增加，使得房地产经纪人在经纪业务活动的地位日显重要，因而其社会评价也会随之提高。

总体来说，我国房地产业未来的发展必将理性化，而房产经纪人行业随着经验的积累和摸索，也一定会总结出适合中国特色的发展之路，使得房地产经纪人职业能够真正实现其自我价值。

房地产经纪人的社会地位

房地产经纪人是房地产交易市场不可或缺的重要主体。在房地产市场中处于十分重要的地位。由于房地产商品的特殊性以及房地产质量和价格的复杂性,加之房地产交易的多样性与专业性,这些特性决定了房地产交易的特殊要求,即房地产交易的各项活动离不开中介组织的帮助,房地产交易主体需要专业的经纪人为之服务,房地产经纪人成为房地产交易市场不可或缺的重要主体。

房地产市场中介组织、房地产经纪人的产生都不是偶然的,而是社会分工在房地产市场领域里的深化。市场经济越发达,市场主体之间的经济联系就越广泛,市场交易活动越活跃,就越需要建立市场中介组织,经纪人的地位就越发重要。从某种意义上说,市场中介组织发达的程度是市场经济成熟程度的重要标志。

从目前的现实情况来看,房地产经纪人并没有得到应有的社会地位和尊重。经常遇到客户看不起房地产经纪人,他们以为中介赚钱非常容易,打几个电话签个合同就完事,可以收取佣金了,其实房地产经纪人非常辛苦,上班时间长,几乎没有固定的休息时间,跑商圈、市场调查、熟悉楼盘、培训、开发、跟盘、回访、带看、洽谈,不管刮风下雨,不管酷暑严寒,为了成交,为了有更多的业绩,付出的辛苦程度难以言说。

经纪人每天的工作是不断地约顾客看房、洽谈与撮合成交,是体力与脑力的双重劳动、双重付出。经纪人入职,就开始周而复始地加班，没有朝九晚五，没有正式休息日可言。他们就是要多做业绩，多赚钱。

由于以前作坊式的房产中介往往是夫妻店，他们只考虑眼前利益，所以做出了许多急功近利的事情，让这个行业在社会上大多数人看来成了"不太光彩的黑中介"。为什么目前房地产经纪人的社会地位不太高，一方面是经纪人自身的素质有待提升；另一方面也是人们长久以来形成的中介的"坏印象"在作祟。

其实，在欧美发达国家，房地产经纪人是非常受人尊敬的行业，他们与律师、记者等职业一样，需要通过严格的资格考试认证，才能从事该行业，大多数房地产经纪人都是年龄比较大的人，他们的信誉度高，专业知识丰富。

我国的房地产经纪市场也在逐步走向成熟，从以前的"夫妻老婆店"到现在的集团化连锁化经营，从以前的"五个一"到现在动辄几百平方米的"高大上"品牌，从以前的下岗工人到现在必须专科以上学历等，逐渐向规范化、品牌化发展。房地产经纪人也越来越受到人们的尊敬，只要你辛苦为客户付出，为他们争取到应得的利益，客户从内心里也是感激的。那种看不起房地产经纪人的客户，只能说会越来越少。未来往专业化方向发展，分工越来越细，不管是环卫工还是高级别干部，不管是业务员还是公司老总，不管是小年轻还是老年人，都会互相离不开，他们会在各自的工作职责内为他人提供优质的服务，同时获得应有的报酬和尊重，房地产经纪人也不会例外。

房地产经纪人岗位职责

房地产经纪人的岗位职责概括起来主要有客户开发、房源开发、撮合服务三个方面。客户开发：目的是找到需要租赁或者购买房屋的客户；采集、核实和分析客户等信息，陪同客户看房，负责客户的接待、咨询工作，为客户提供专业的房地产置业咨询服务。房源开发：目的是获得用来出租或出售的可满足客户需要的有效房源并获得委托；对获取的房源进行实地勘测，负责公司房源开发与积累，并与客户建立良好的业务协作关系。撮合服务：在业主和客户之间进行撮合，以促成交易的达成，提供物业交接、贷款过户等服务，促成二手房买卖或租赁业务。

具体分拆的岗位职责如下：

1. 向委托客户提供专业服务。

2. 通过客户进店、读报和看电视、亲朋好友推荐、老客户引荐、与同行交流等多种方式挖掘客户求购信息和房源信息。

3. 掌握业务咨询、电话沟通、谈判、价格协调、物业交割、售后等知识和技巧。

4. 及时将收集到的信息进行分类、整理，并准确输入系统软件内。

5. 准确把握客户需求，有针对性地提供房源或者买房信息。

6. 不断创新，采取不同的策略和手段发掘和培养客户，从而促成交易，提高自己。

7. 与委托客户建立良好的关系，提高客户对公司的信任度。

8. 制作委托客户档案，努力培养长期客户。

9. 组织、撮合、协调委托客户就交易进行谈判，并控制交易节奏。

10. 严格遵守公司各项规章制度，严守公司商业机密及客户信息。

11. 了解并认同企业理念，发展规划等。

12. 保持积极、向上、乐观的服务态度，不断学习，提升自我。

13. 按照公司和上级要求，制订个人工作目标与计划。

14. 积极参加培训、销售会议和团队活动。

15. 正确使用公司的各种制式工具。

16. 加强与其他同事的合作与交流，培养团队意识。

17. 服从上级领导的管理。

房地产经纪人岗位特征

　　房地产经纪人属于业务类的岗位，房地产经纪人直接为客户提供房产中介服务创造价值，所以这个岗位有以下特点：

　　1.挑战性强：如何寻找到合适的有效房源？如何说服业主与你合作且成功获得委托？如何寻找买家？如何在买卖双方之间牵线搭桥把交易撮合成功？如何面对环境、角色变换给自己带来的心理挑战？如何迅速进入角色融入团队？如何面对挫败百折不挠？如何快速有效地构建个人的人脉网络？对于初入职场的新人来讲，这一切都构成了严峻的挑战。只有成功应对挑战的人才能获得足够的职场历练。

　　2.高风险：房地产经纪人从事的业务工作其结果具有高度不确定性，这种不确定性就是这个岗位的风险。一般来说，影响经纪人的业绩的因素主要有三个：能力、努力和运气。尤其短期的业绩表现，运气的影响更多些。而长期的业绩表现，运气的成分要小些，主要取决于个人的能力与努力。

　　3.高收益：房地产经纪公司一般都采用底薪加高提成的办法，如果经纪人的确业绩很优秀，通过量化考核，业绩优秀的经纪人可以体验到很强的成就感，同时获得很高的回报，这其中包括提成、旅游、奖品、职务提升、精神奖励甚至股权激励。对业绩优秀的人进行高激励，是所有高风险高挑战性岗位共同的游戏规则。

　　4.高淘汰率：毫无疑问，具备上述特点的岗位绝不是平庸之辈可以胜任的,很多不具备真才实学的人在现实面前无法避免被淘汰的命运。严格地说,房地产经纪人所做的,不是一份工作,而是一个生意;房地产经纪人也不是简单的雇员、打工的,而是商业合作伙伴;房地产经纪人获得的回报是佣金而不是工资。那些抱着打工的心态来挣工资的思维方式完全不适合做房地产经纪人,房地产经纪人应有的思维方式是:以商业合作伙伴的身份从事商务活动,以获取丰厚的佣金。

房地产经纪人职业生涯规划

很多房地产经纪人是为了赚快钱来到地产中介这个行业的,有时则因为市场不好,不少投机者纷纷离开。很多房产经纪人投入了很多,但是最后收获甚微。这源于大多数的地产经纪人没有职业规划的概念,缺乏长远的职业规划。因此房地产经纪人在进入企业初始,先要对自己有一个规划。

房地产经纪人一般按照业务路线,其上升轨道如下:见习经纪人——房地产经纪人——资深经纪人——经理——副店长——店长——区域经理——大区总监——副总经理——总经理,一般到了区域经理一级,多数公司都会给予一定的股份,让员工和企业共同发展。另外一些经纪人做到一定程度,如果口才好、业务熟练,也会走讲师的路子,这对经纪人的要求比较高,门槛比较高。

职业生涯规划由新员工自己完成,人力资源部和入职引导人进行必要的帮助、引导或监督、检查。自我规划的主要内容应包括:

1. 确定志向。志向是事业成功的基本前提,没有志向,事业的成功也就无从谈起。

2. 综合评估。包括自我评估:自我 SWOT 分析,包括兴趣、特长、性格、学识、技能、智商、情商、思维方法等;职业生涯机会的评估:主要是评估各种环境因素对自己职业生涯发展的影响,包括环境的特点、环境的发展变化情况、自己与环境的关系、自己在这个环境中的地位、环境对自己提出的要求以及环境对自己有利的条件与不利的条件等。

3. 职业的选择。选择职业至少应考虑以下几点：性格、兴趣、特长等与职业的匹配及内外环境与职业相适应。

4. 设定职业生涯目标。在选定职业生涯路线后，必须设定职业生涯目标。目标分短期目标、中期目标、长期目标和人生目标。短期目标一般为1~2年，短期目标又分日目标、周目标、月目标、年目标。中期目标一般为3~5年。长期目标一般为5~10年。

5. 制订行动计划与措施。落实目标的具体措施，主要包括工作、学习、培训、轮岗等。员工在制订个人发展计划时应当结合公司以及部门的计划目标。

如果你想在房地产行业中升任管理职位，或者一段时间内成为业务骨干，那么你可以按照以下计划制定目标：

1. 熟悉公司的规章制度。

2. 根据自己的性格特征，设定好的提升和成长方向（比如善于演讲的，可以成为公司讲师）。

3. 为自己设定成长目标。比如，短期目标：成为门店组长，一年目标：成为店长。

4. 每月看一本管理方面的书籍，提升自己的管理能力。

5. 和店长沟通学习如何管理门店，了解店长每日的工作状态和行程。

6. 结合业绩目标，完成升为管理职的必要前提条件。

7. 提升自己的沟通技巧，这是管理的前提特质之一。

8. 在工作中乐于承担责任，能很好地锻炼自己的领导能力，并为事业的发展打下基础。

9. 善于学习，不断进步，不达目的誓不罢休，内心有成功的欲望。

10. 愿意并乐于帮助新人，对人和善。

总之，员工职业生涯的规划是公司人力资源部的重要日程之一，作为房产经纪人同样面临自己的职业生涯规划，只有规划好自己未来的职业生涯，才能在自己的行业中不盲目，走得更加长久。

房地产经纪人职业规范

1. 遵纪守法：遵纪守法是每个公民的基本道德修养，作为房地产经纪行业从业人员，公司员工在职业活动中，必须严格遵守国家的各项法律、法规和条例。

2. 爱岗敬业：公司员工应具备专业的技能和知识，热爱本职工作，实事求是为客户提供服务，对工作尽职尽责。

3. 以诚为本：恪守诚信，真心以客户的利益为己任，诚实地向客户告知自己的所知。

4. 认同企业：公司是员工进行具体业务的平台，公司为广大员工搭建了不可复制的优质舞台，员工应该充分地了解并认同企业文化，维护公司形象，为公司发展高度负责，不敷衍，不推脱。

5. 严守机密：房产中介以信息制胜，员工在工作中必须严守公司的商业机密和客户信息，不能损害公司和客户利益。

6. 注重形象：员工应注重个人形象，讲文明，讲礼貌，保持服饰专业、统一、整洁，使用规范语言和文字，进而树立良好的企业形象。

7. 公平竞争：公司员工要以坦然的心态，公平的方式参与竞争。不诋毁同行，不恶意降价，不搞恶性竞争。

8. 注重团队：在具体业务活动中，员工之间、部门之间、上下级之间应相互鼓励、相互督促、相互配合，注重团队精神，合力完成业务。

9. 不断学习：由于房地产商品的复杂性、综合性，房地产经纪牵扯到大量的知识，且各种政策和市场情况在不断调整变化，公司人员要加大学习力度，才能不断进步，取得良好业绩。

10. 挑战自我：房地产经纪行业极富挑战性，只有不断挑战自我，超越自我，培养自己的耐力，才能在实践中提升自我，取得良好业绩。

房地产经纪人职业道德

房地产经纪人员职业道德的基本要求主要体现在职业良心、职业责任感和执业理念三个方面。根据中国房地产经纪行业当前的实际情况,目前房地产经纪人员在职业道德方面应符合以下基本要求:

1. 守法经营。遵纪守法本是每个公民的基本道德修养,作为房地产经纪人员,更应牢固树立这一思想观念,并理解其对于自己职业活动的特殊意义。

2. 以"诚"为本。经纪人员提供的服务是促成他人交易,这种服务实质上是一种以信息沟通为主的动态过程。因此,经纪人员要促成交易,首先必须使买卖双方相信自己。"诚"的第一要义是真诚,从"真诚"的要求出发,房地产经纪人员一定要树立"不成交不收费"、"佣金是唯一收入"的观念。"诚"的第二要义是坦诚,即诚实地向客户告知自己的所知。

3. 恪守信用。在现代商业社会中,信用是保持经济活动运行的重要因素。房地产经纪人员应牢固树立"信用是金"的思想观念。一方面,要言必行,行必果;另一方面,应注意不随意许诺,避免失信。

4. 尽职守责。经纪活动中的许多环节都是必不可少的,因此经纪人员绝不能为图轻松而省略,也不能马马虎虎,敷衍了事。房地产经纪人员是以自己拥有的房地产专业知识、信息和市场经验为客户提供服务的。因此,房地产经纪人员要真正承担起自己的职业责任,不断提高自己的专业水平。房地产属于大宗资产,一些房地产交易活动涉及的往往是客户的商业机密或个人隐私,应该替客户严守秘密,充分保护客户的利益。在中国目前的体制下,房地产经纪人员都是以自己所在的房地产经纪机构的名义从事业务活动的,因此房地产经纪人员对自己所在的机构也承担着一定的责任。

5. 公平竞争,团结合作。房地产经纪活动中,也存在激烈的同行竞争。房地产经纪人员首先必须不怕竞争、勇于竞争。通过合作,房地产经纪人员和经纪机构可以以他人之长,补己之短,在做大业务增量的同时,提高自己的市场份额和收益。而"公平竞争,团结合作"是制胜的前提。

房地产经纪人职业价值观

职业化的内涵包括三个方面：一是以"人事相宜"为目标优化人们的职业素质；二是以"创造绩效"为主导开发人们的职业意识；三是以"适应市场"为基点提升人们的职业道德。职业价值观是经纪人职业化发展的重要方面，对于房地产经纪人来说，主要体现在以下几个方面：

1. 诚实守信

诚是为人之本，信乃立身之道。日本"经营之神"松下电器创始人松下幸之助说过，"信用既是无形的力量，也是无形的财富。"经纪人从事的是有关客户信任的事业，只有在诚实守信的氛围中，经纪人所做的一切才会得到客户和别人的认可，经纪人才能够不断地获得客户推荐和客户的重复消费，给经纪人自己的发展带来长期的价值；违反这一准则，经纪人就会很快被客户和市场所淘汰。因此，恪守诚实守信的底线是经纪人获得持续成功的保障。每一个想要在这个行业中获得持续发展的经纪人需要时刻用诚实守信来衡量自己的行为。

2. 第一印象和职业着装

人与人之间的接触，第一印象起着至关重要的作用，有这样一句话"商谈成功的关键是开始时的90秒"。人与人之间的第一印象是很难改变的，即使花再多的金钱和时间也难以改变客户第一印象对其购买决策过程的影响。因此，对于从事二手房经纪业务的人员，必须充分重视第一印象在经纪工作中的作用。

给人第一印象最直接的是经纪人的职业着装。因此，几乎所有的经纪公司都对经纪人有着装的要求，都有公司统一的制服。此外，良好的第一印象除了职业着装外，还需要注意其他方面，如清爽的发型、端庄的仪容、大方得体的言行举止、适当的语音语调等。

3. 使用专业工具

成功的销售过程是业务员获得客户信任和认可的过程，要获得客户的信任，仅仅依靠第一印象是远远不够的，因为对于大多数中国人来说，买房是一生中最重要的事情，不可能仅仅因为你人还不错就盲目下决定，因此要想打动客户，除了良好的第一印象，你还必须具备优秀的专业技能，而各种专业工具就是你武装自己的最佳武器，比如资料夹、卷尺、鞋套等。作为经纪人，在经纪业务过程中，必须不断挖掘各类专业工具的使用价值。

4. 优质服务

21世纪是要求专业服务的时代，客户想要的不仅仅是商品本身，客户追求的是自己财产的规划和安全，是一种终身服务。对于我们经纪人来说，只有给客户提供优质服务，并获得客户的高度满意，最终获得客户的推荐和重复消费，我们才能在目前竞争激烈的房地产经纪行业中立足和发展。

这里的优质服务是根据客户的不同需求而提供的个性化的服务项目，在购房过程中，不同的客户有不同的需求，即使是同一个客户，他在不同的阶段、时期，需求也是在不断变化的，因此房地产经纪人的服务就是要不断地满足客户的个性化需求，并帮助客户改变自己的居住生活状态，从而提高生活的质量，带给客户幸福美满的居住生活。同时，我们必须牢记，销售成功不是终点，只是中间的一个环节。没有一步到位的服务，只有不断进步的发现。

作为专业的房地产经纪人,必须养成用心服务的习惯,这就是我们房地产经纪行业提倡的优质服务的内涵。

5. 终身客户

终身客户的价值观是指,通过经纪人的优质服务,包括成交后的优质售后服务等,获得客户的终身信任,也就是指现在很多经纪公司的老客户维护工作,通过对老客户的维护,可以达到获得老客户再次委托经纪人服务或推荐客户的目的。终身客户的价值观,目前越来越受到经纪公司和经纪人的认可,因为开发一位新的客户与从老客户处获得推荐客户,二者之间的性价比差距达到了5∶1。这也就意味着,通过维护老客户得来的客户在时间和资金等成本方面的投入是开发新客户的1/5。

树立终身客户的价值观,要求经纪人在从事经纪业务的过程中,始终要诚实守信,以客户的利益为出发点,为客户着想,通过优质的服务,获得客户的高度满意,达到获取推荐客户或重复消费的目的。

6. 业务时间

营销最简单的解释就是成本的投入和利润的产出。经纪人在从事经纪业务的时候,要特别注意成本的投入。这个成本包括时间、金钱和注意力等。而时间是经纪人最重要的资源,一位成功的经纪人必然是成功的时间管理者。每位经纪人的时间都是相同的,但是所产生的效果是迥然不同的,原因就是在于对时间的管理效率不同。

在时间管理方面,我们可以采用"帕雷托原则"。即:"20%的工作占整个工作的80%的时间"、"集中80%的精力做20%的工作"、"80%的销售额来自于20%的客户"。良好的时间管理概念,还要求经纪人做好工作日志,并从日志中不断总结自己的工作和所花费的时间,从而提高时间利用效率。

房地产经纪人职业素质

1. 树立自信

经纪人从事的工作，面对的对象都是"人"，只有自信的人才能更好地与人沟通，任何一个人都不会信任一个不自信的人。

自信的经纪人在和客户沟通的时候，就会有一种发自内心的感染力，能够让客户相信，获得客户对经纪人良好的第一印象。自信的经纪人还必须十分注意不要自我设限，自信的人要相信自己能不断突破自我，不断提升自己的销售额，自信主要来自于对房产专业知识的把握、对客户需求的把握、对所销售房源情况的了解、对市场的认识等。

2. 具备坚强的毅力

中国自古就有"只要功夫深，铁杵磨成针"的至理名言，经纪业务是不断重复的工作，这就要求经纪人有坚强的毅力，进行不断重复的工作，直至最后成功。在这个过程中，经纪人绝不能轻言放弃。

3. 不断地自我激励

在业务开展的过程中，会遇到大量的客户拒绝和不断出现的挫折，房地产经纪人必须学会正确看待被客户拒绝和各种挫折，学会不断地自我激励。

（1）积极地看待拒绝和挫折

当遇到拒绝时，持有积极心态的经纪人总是说："没有关系，他今天拒绝我,不等于明天拒绝我,我一定要想办法说服他",而持有消极心态的销售人员则垂头丧气:"完了,又一个客户没有了,怎么也说服不了他"。有积极心态的经纪人,在对待拒绝的态度上是这样认为的:我肯定能从不可能中找到可能成功的希望,从失败中找到成功的途径,从困境中找到出路。

(2)改变看问题的角度

遇到拒绝时,最重要的是经纪人改变看问题的角度,经纪人从事的工作,一般来说,在带客户看房5~6次才能有一次成交,也就是说,每被拒绝一次,我们就离成功近了一步。

4. 不断地学习专业知识

在实际业务操作中,房地产经纪人会发现涉及的知识领域非常宽泛,除了房地产基础知识外,还会涉及很多相关的行业知识,比如说建筑知识、装潢装修知识、市政建设、政策法规,甚至于风水知识等。因此,房地产经纪人想成功,必须要不断地扩大自己的知识领域。

随着客户需求的不断提高,要求的服务内容也在逐步地提高,客户从原有的一套住房,到开始向往住得惬意,住得幸福;或希望把住宅作为一种投资,这些都要求从业者必须为客户提供相关的服务内容。房地产经纪人的服务朝着知识服务的方向发展,知识式服务要求房地产经纪人不断充实知识内容,完善自己的知识结构,只有这样经纪人才能够不断地取得成功。

5. 不断提高工作技巧

为了能够提高工作效率,降低客户的交易成本,房地产经纪人除了具备专业的知识之外,还应学会一些相应的工作技巧,如沟通技巧、房源配对技巧、谈判技巧、撮合技巧等。专业工作技巧的具备需要经纪人在日常的经纪工作中不断地总结、学习、反洗。

6. 建立良好的职业习惯

一个经纪人的成功不是偶然的，一定是不断重复努力的结果，这就要求经纪人在工作中建立良好的职业习惯，以下职业习惯对经纪人的发展和成功是非常重要的：写日志的习惯；建立计划、目标的习惯；今日事今日毕的习惯；职业着装的习惯；诚实守信的习惯；仔细倾听的习惯；与客户保持长期联系的习惯。

综上所述，要想成为一个成功的房地产经纪人，就必须具备诚信、责任感、勤奋、不断学习、积极主动、自我激励、坚韧不拔等良好职业思想和观念，不断地培养良好的职业素养和习惯。

房地产经纪人的违法违规行为

目前,房地产经纪行业还不太成熟,中介从业人员鱼龙混杂,素质参差不齐,在房产交易中还存在着形形色色的违规行为。主要有以下几种:

1.捏造散布涨价信息,或者与房地产开发经营单位串通捂盘惜售、炒卖房号,操纵市场价格;

2.对交易当事人隐瞒真实的房屋交易信息,低价收进高价卖(租)出房屋赚取差价;

3.以隐瞒、欺诈、胁迫、贿赂等不正当手段招揽业务,诱骗消费者交易或者强制交易;

4.泄露或者不当使用委托人的个人信息或者商业秘密,谋取不正当利益;

5.为交易当事人规避房屋交易税费等非法目的,就同一房屋签订不同交易价款的合同提供便利;

6.改变房屋内部结构分割出租;

7.侵占、挪用房地产交易资金;

8.承购、承租自己提供经纪服务的房屋;

9.为不符合交易条件的保障性住房和禁止交易的房屋提供经纪服务;

10.从事或参与涉及国家专控商品以及涉及国家机密的经纪活动;

11. 从事国际社会禁止的经纪活动；
12. 超越客户的委托范围和权限，越权进行有关的经纪活动；
13. 私自设立和收取账外佣金或索要额外报酬；
14. 承办或接受能力以外的经纪活动；
15. 违反国家的有关税法，进行骗税、逃税活动；
16. 与一方当事人恶意串通，损害另一方当事人利益；
17. 为无履约能力或者签约能力的人进行中介服务；
18. 法律、法规禁止的其他行为。

房地产经纪人应具备的知识

当前,房地产行业正在以前所未有的速度,朝着更加市场化、更加专业化、更加规范化的方向发展。房地产经纪是一个特殊的服务行业,是保证顺利营销的重要环节,而每一位房地产经纪人又是这个重要环节中的关键元素和核心部分,他们最终的任务是促成交易。因此,对房地产经纪人基本素质方面的要求就显得十分重要。

1. 基础知识方面。经纪人要掌握经济学基础知识,特别是市场和市场营销知识。要懂得市场调查、市场预测的一些基本方法,熟悉商品房市场,特别是房地产市场供求变化和发展的基本规律、趋势,了解经济模式、经济增长方式对房地产活动的影响。普遍来说,文化程度越高,对业务的适应能力越强,成为合格出色的房地产经纪人的可能性越大。

2. 专业知识方面。由于不同类型房地产商品有着各自的特定使用对象和流通渠道。因此房地产经纪人必须掌握一定的房地产专业知识,主要包括:房地产经纪知识、城市规划和环境知识、建筑工程知识、房地产金融与投资、房地产市场营销、物业管理等方面的知识。随着知识经济时代的到来,一个房地产经纪人要做好自己的工作,对知识方面的要求越来越高,如随着计算机的普及、网络经济的出现,一个优秀的房地产经纪人也必须掌握计算机知识等现代科学技术,如数据库技术、办公软件应用、网络技术等。

目前，经济全球化对中国的影响日益显著，国外企业和人员大量进入中国，日益频繁地参与房地产交易，因此房地产经纪人员还必须掌握至少一门外语，才能更好地为各类外籍人士提供经纪服务。社会主义市场经济是法治经济，房地产经纪人从事经纪活动要有法制意识和法律观念，依法开展经纪活动并依法维护自己和其他当事人的合法权益。经纪人要认真学习和掌握基本法律知识，如民法、合同法、商标法、广告法、税法、反不正当竞争法、消费者权益保护法、经纪人管理办法，以及城市房地产管理法等与房地产经纪有关的法规。房地产经纪人的工作是频繁与人打交道的工作，因此，社会及心理方面的知识也是房地产经纪人所必须掌握的。从基本方面来讲，主要包括人口、家庭等社会因素对房地产市场的影响，国家的社会发展形势和政府的主要政策，大众心理、消费心理等。

3. 消费者特性及其购买心理。由于消费者需求的个性化和差别化，销售人员应站在消费者的立场去体会消费者的真实需求和想法，只有充分了解不同消费者的购买需求、特性和心理，才能更好地向其提供购买建议。一般来说,消费者购买动机有求实心理、求利心理、求新心理、求名心理、自尊心理、仿效心理、隐秘心理、疑虑心理、安全心理等，销售人员要对以上客户心理作详细分析判断，从而为客户提供到位的服务。

4. 市场营销的专业知识。房地产销售与一般商品销售有着同质性和差异性，销售人员不仅要掌握房地产销售的技巧及相关理论，还要学习房地产的定位策略、产品策略、营销推广策略、渠道营销策略、价格策略等专业知识。

5. 法律知识。房地产经纪人虽然不是律师，也不一定要达到专业水平，但与房地产有关的法律法规是非掌握不可的。我国的房地产业发展得益于房地产法律法规的调整和完善，也就是说房地产的每一项业务，都离不开法律和具体的法规。房地产的三部法律《城市房地产管理法》、《土地管理法》和《城市规划法》以及据此制定的部门规章和地方性法规，几乎涵盖了整个房地产事务。作为经纪人不但要掌握房地产方面的法律法规及各级政府部门关于房地产的政策、方针和精神，还要熟悉民法、经济法、行政法及行政诉讼法、民事诉讼法的知识。举个最简单的例子，签合同，就要牵涉到经济合同法、民法通则等法律知识。代理租赁要熟悉《城市房屋租赁管理办法》、《城市私有房屋管理条件》等，懂得什么房可以出租、什么房不能出租、租赁合同以什么方式生效等。代理买卖，就得熟悉《城市房屋转让管理规定》中转让的条件、交易程序、产权产籍知识及办证程序。如果代理发展商，要掌握的法律知识就更多了。近年来时兴的房地产律师见证业务足以说明法律知识的重要。房地产经纪人要学法、懂法、用法、依法办事，用法律来维护委托人的合法权益。

6. 金融知识。房地产金融作为金融业的一个重要组成部分，与房地产开发、经营与管理有着密切的联系，房地产金融是房地产与金融联姻的产物。房地产业的发展，要金融业作为后盾；金融业要拓展，房地产业是首选。特别是房改新制度实施、取消实物分房后居民到市场购买住房，经纪人的金融知识就显得尤为重要。一般来说，经纪人应该熟悉金融惯例、现行国家金融政策、融资形式、银行利率、利息计算、贷款种类及手续、还款方法以及住房公积金等知识。

7. 其他辅助知识。这些知识主要包括：社会学、历史学、人际关系学、传播学、广告学、演讲学等方面的知识。这些知识不会直接表现为具体的业务技能，但它可以使专业知识的运用得心应手，恰到好处，使经纪活动更具吸引力和艺术性。在房地产经纪活动中，除了要懂得如何评估房地产的价格、质量、折旧、维修、以及税收、抵押、信贷、保险、未来的升降值趋势等必需的专业知识和技能，还应当对地理知识、民俗风情、社区文化、家庭结构、人口变化和邻里关系等社会学、民俗学的知识有较多的了解。此外，房地产经纪人还必须有较高的文化修养，应尽可能多地阅读和欣赏文学、艺术作品，提高自己的艺术品位和鉴赏力。

房地产经纪人应具备的能力素质

1. 一般能力

（1）创造能力。房地产经纪人处理经纪业务，一个很重要的方面就是在复杂多变的环境下独立解决和分析问题。解决特殊的问题需要特殊的方法，当面临前所未有的难题时，杰出的经纪人就充分展开自己的想象力，对以往的经验和概念加以综合，从而构建出全新的解决办法。

（2）理解能力。理解是对事物的明察，是对事物内在机理的顿悟，是对人类情感、行为以及社会运行达到深刻认识的途径之一。经纪人随时处于人、财、物的交叉、失衡、重新平衡的错综复杂的关系之中，不具备深刻的理解力是不会有所成就的。

（3）观察能力。观察能力指与人交谈时对谈话对象口头语信号、身体语言、形象、思考方式等的观察和准确判断，并对后续谈话内容和方式进行修正和改善。房地产营销过程是一个巧妙的自我销售过程，在这个过程中，销售人员应采取主动态度与客户沟通，在交谈的过程中运用敏锐的职业观察力，判断下一步应采取的行动和措施。房地产经纪人要具备根据经验掌握的各种情报和信息，对环境和形势做出冷静的、客观的、全面的分析，进而做出明智的判断，并采取相应的行为方式的能力。

2. 处理房地产经纪业务的能力。由于房地产商品具有个别性，每一宗房地产都是与众不同的，这就要求房地产经纪人准确把握买方的具体要求,并据此选择恰当的房源供其考虑。它在实务操作中,常常表现为经纪人能在较短的时间内完成供需搭配,从而尽可能实现每一个交易机会。如经纪人在门店接待了一组来访客户,经过十几分钟,甚至几分钟交谈,经纪人就必须能准确了解并把握他们的需求,并推荐恰当的房源。在实际工作中,处理房地产经纪业务能力强则成交量高,每笔业务的进展速度也快,工作效率高,而处理业务较差的房地产经纪人则常常劳而无功,工作效率低。

如何提升房产经纪人专业能力?开会多发表个人见解,增加个人思考机会;大量看书,但一定要选行业相关好书;多和老经纪人交流,听君一席话,胜读十年书,遇到不懂的多请教;建立个人文件管理系统,不断整理自己的资源;参加系统学习,找到短板,快速学习;实践,大量接触客户。

3. 灵活机动的公关交际能力。现代社会,公关交际能力对一个人来说太重要了。凡是市场做得好的都应该是攻关能力强的人。在中国,市场经济就是关系经济,对外如国家政府机关、同行朋友;对内如公司各个层面都必须考虑到。

4. 分析能力。房地产经纪人要具备对市场的敏锐分析能力,学会发现市场机会,开拓新市场,在竞争中脱颖而出。分析市场需求和金牌经纪人的成功要素,加以借鉴,不断找到市场的空白和新的业绩增长点,让自己处于不败之地。

5. 沟通能力。一个成功的房地产经纪人,一定是一个良好的沟通者。房产中介人员,其工作内容还是和人打交道。如何与客户、房主、同事之间实现良好的沟通,是成功的关键。把自己的观念、信念、方案、方法推销给上级、下级和客户、房主是房地产经纪人最重要的能力之一。而良好的沟通能力是赢得他人支持的最好方法。实践告诉我们,销售中的许多问题都是因沟通不畅造成的。沟通,主要是把自己的想法告诉别人,同时聆听别人的想法,每个人都有被尊重的愿望,你要重视别人,仔细倾听别人的每句话,自己的意思要表达清楚,能明晰地知道别人的想法和内心感受,微笑、热情、真诚,让别人有倾诉的愿望。

6. 学习能力。从不满足于已经取得的成就,不断学习新知识,汲取营养。学习业绩高手身上好的素质,并应用到自己的实际工作中,只有这样才能确保房地产经纪人持续获得成功。对于房地产经纪人来说,销售生涯就像一场战斗,是一场不间断的、让人无喘息余地的战斗。在一次次胜利中夹杂着许多失败,在喜悦、期待、得意与兴奋中夹杂着恐惧、失望与拒绝。

7. 创新能力。一名优秀的房地产经纪人首先应该成为一名房地产行业专家,要精通房产中介业务,必须接受系统、专业化、严格的训练。这是成功的前提,也是首要因素。大到从房地产基础知识、业务流程、沟通技巧、谈判技巧、时间管理、心理素质训练、专业化礼仪培训、合同签署、货款过户知识,小到举手投足、一言一行、每一个细节都要注意,这是成为一名优秀经纪人必备的基本技能。要想从成百上千的经纪人中脱颖而出,就必须做到人无我有、人有我精。自己的每次实践要有特点,体现你的专业化,与众不同。同样是开发客户,大家都在贴条,都在搞陌生拜访,搞社区活动,如何让别人一下子记住你,模仿,但不能复制,这就是要专业,要创新。创新不分大小,如邓小平的创新,他一个"包"字,包产到户让中国广大农民有了饭吃。很多老板也就是一个"包"字,积累了上亿财富。只有创新才有发展,才有可能大发展。为了工作,要不怕失误,勇于创新。一些企业就是因为不提倡勇敢创新,几年时间就在市场竞争中被甩到了后面。

勇敢创新就是一种风气与公司文化，每个人都应该适时提出管理创新、技术创新、体制创新。

8.良好品质。一名合格的房地产经纪人应具备一些优秀品质，才能符合岗位的标准和需求，从公司和客户的角度看，销售人员应具备以下优秀品质：饱满的工作热情，积极的工作态度，良好的人际关系，善于团队合作，与同事友好相处，服从领导的管理，独立的工作和解决问题的能力，充分熟悉和了解房源的基本指标、优劣势等知识，业务熟练，真诚可靠，了解客户的真正需求，对客户有礼貌和耐心，帮助客户做出正确的购房选择，完成分配的任务，达到目标，与客户保持持久良好的关系。

房地产经纪人应具备的心理素质

1. 自信心。自信心是一种力量。首先，要对自己有信心，每天工作开始的时候，都鼓励自己，我是最优秀的！我是最棒的！信心会使你更有活力。同时，要相信公司，相信公司提供给消费者的是最优秀的服务，相信自己所销售的房源也是非常有市场的，相信公司为你提供了能够实现自己价值的机会。台湾企业家王永庆刚开始经营自己的米店时，记录客户每次买米的时间，记住家里有几口人，这样，他就能算出人家的米能吃几天，快到吃完时，就给客户送过去。正是因为王永庆的这种细心，才使自己的事业得以发展壮大。作为一名销售代表，客户的每一点变化，都要去了解，努力把握每一个细节，做个有心人，不断提高自己，开创更精彩的人生。自信是房地产经纪人职业心理的最基本要求，是对自己所从事职业的认同和热爱，是对本职业荣誉感、成就感和执业活动中的自信力。自信心强的经纪人，敢于面对挑战，敢于追求卓越。自信能激发出强大的勇气和毅力，最终走向成功；同时，自信能给对方以信任感。房地产经纪人在业务活动中与各种各样的人打交道，需要说服他人，促成交易，没有一种自信和坚韧的心理素质是很难胜任的。一个从容自信、谈吐自如的经纪人出现在客户面前，会很快得到客户的认可和信任。自信能使你在突变困难面前做到沉着冷静，凭借自己的智慧、毅力和耐心，克服困难，取得成功。但是，自信绝非盲目自大。就个人而言，自信等于实力，来源于对自我的认识和把握。从职业角度看，房地产经纪人的自信取决于对市场信息的全面了解和自己深厚充实的知识技能功底。

2. 热情。能赋予经纪人旺盛的精力、广泛的兴趣，使之经常处于一种积极、主动的精神状态中，对市场信息始终保持一种特有的敏感性。热情还是房地产经纪人与社会交往的需要。房地产经纪人需要与各行各业的人打交道，交朋友，以拓宽自己的信息渠道。社会学表明，一个热情的人更容易被别人所接受，更容易与他人交往。

3. 豁达。在人与人交往中，房地产经纪人应心胸豁达、宽容、乐观、开朗，使人容易接近，更受人欢迎。房地产经纪人如果本身不具备这种性格，就应主动培养豁达、宽容的气质。房地产经纪工作是一种挑战性、创造性很强的工作，要求经纪人必须以一种豁达开放的心态面对新事物、新观点、新知识，房地产经纪人应当能及时摆脱自己原有的思维定式，经常以一种全新的视角观察市场动态，及时捕捉最新的为我所用的信息。

4. 奋进。在实践中，房地产经纪工作经常会遇到挫折，房地产经纪人员不仅需要以乐观、豁达的心情面对挫折，还需要以坚韧不拔奋进的精神化解挫折。做到这一点，首先要认识到房地产交易的复杂性，房地产是个性极强的商品，又是价值特别昂贵的商品，影响它的因素很复杂，一宗交易合同的达成，经历种种反复和曲折是很自然的。因此，房地产经纪人应视挫折为正常，而将一帆风顺的交易视作偶然。否则，每天期盼着简单、顺利、高额的交易而不得，心态自然要坏，更不可能去做好不顺利的交易。其次，树立吃苦耐劳的精神，才能不厌其烦地化解种种挫折。

5. 承压能力。摆正自己的位置、端正心态、面对压力、承受挑战是每一名房地产经纪人，尤其是刚走出校门迈上工作岗位的年轻人应具备的能力。世界上哪有天上掉馅饼的事情？哪一行的成功能轻易达到？如果每个单子都顺顺利利，从来没有拒绝的话，大家都去当房地产经纪人好了。可以常常想象一下自己的优秀业绩、过去开心的事情、朋友家人的期望。我是一个房地产经纪人，我以我的专业来给别人提供服务。那些拒绝我的人可能失去了一个大好机会。

6. 耐心。一些经纪人抱怨带客人看了十几套房子，客户都不买，可某一个经纪人带客人只看了三套房子，客人就买了。这时候不应该一味责备客人，其实最需要反思的是经纪人自己，客人有权利选择自己中意的房子，为什么你不能尽快帮助客人找到他需要的房子？虽然地产经纪人是靠佣金生存的，一名优秀的地产经纪人绝对不能只关心佣金，还要真正考虑买卖双方的利益。只有这样才能以平常心对待客人。客人挑经纪人，经纪人也可以挑客人，很多时候生意做不成，对经纪人也不一定就是损失。生意是一时的，朋友却是一世的。

7. 做个有心人。"处处留心皆学问"，要养成勤于思考的习惯，要善于总结销售经验。每天都要对自己的工作检讨一遍，看看哪些地方做得好，为什么好？做得不好又是为什么？多问自己几个为什么？才能发现工作中的不足，促使自己不断改进工作方法，只有提升能力，才可抓住机会。机遇对于每个人来说都是平等的，只要你是有心人，就一定能成为行业的佼佼者。

8. 销售工作实际是很辛苦的，这就要求业务代表具有吃苦、坚持不懈的韧性。"吃得苦中苦，方为人上人"。销售工作的一半是用脚跑出来的，要不断拜访客户，协调客户，甚至跟踪客户提供服务，销售工作绝不是一帆风顺，会遇到很多困难，但要有解决困难的耐心，有百折不挠的精神。美国明星史泰龙在没有成名前，为了能够演电影，去好莱坞各家电影公司一家一家地推荐自己，经历过1500余次失败后，终于有一家电影公司愿意用他。从此，他走上了影坛，靠自己坚韧不拔的韧性，演绎了众多硬汉形象，成为好莱坞最著名的影星之一。

房地产经纪人员的权利与义务

1. 房地产经纪人的权利

（1）依法发起设立房地产经纪机构。

（2）加入房地产经纪机构，承担房地产经纪机构关键岗位。

（3）指导房地产经纪人协理进行各种经纪业务。

（4）经所在机构授权订立房地产经纪合同等重要文件。

（5）要求委托人提供与交易有关的资料。

（6）有权拒绝执行委托人发出的违法指令。

（7）执行房地产经纪业务并获得合理报酬。

2. 房地产经纪人员的义务

（1）遵守法律、法规、行业管理规定和职业道德。

（2）不得同时受聘于两个或两个以上房地产经纪机构执行业务。

（3）向委托人披露相关信息，充分保障委托人的权益，完成委托业务。

（4）为委托人保守个人隐私及商业秘密。

（5）接受职业继续教育，不断提高业务水平。

（6）不得进行不正当竞争。

（7）接受国务院住房和城乡建设行政主管部门和当地地方政府房地产行政主管部门的监督检查。

房地产经纪人的生存法则

1.绝对不能被淘汰。生存就是竞争,即使再努力,再敬业,输给对手也只能被淘汰;在绝对竞争的环境中,想成为最后的胜利者就要做最好的适应者:我们必须适应竞争,适应工作,适应老板,适应变化……

2.公司的利益与个人利益并重。我们倡导公司利益和个人利益并重原则;只是在个人利益与公司利益发生冲突时,个人必须在理解的基础上进行避让。这样做的原因是,如果大家共同的职业平台被破坏,个人利益就无从保障。

3.不要解释,尊严来自结果。在问题面前,在错误面前,最不好的做法就是解释。在竞争社会中,解释是没有意义的。解释意味着推脱责任并让别人来承担,而且改变不了任何结果。永远记住,业绩会说话,成就会说话,个人尊严只能来自于结果。

4.谁停止变得优秀,谁就不再优秀。知识经济中的一切都与学习相关,不学习实际是在选择落后,实际是在选择离开,停止不前就意味着出局。

5.说服力是价值的最佳体现。价值如何体现?需要建立在别人对你的认可程度上!企业中的一切都与说服力相关!业务部门、后勤部门所有人的能力提升及业绩提高都与说服力相关,要让客户和同伴接受你的观点和行为。

6.要有艰苦奋斗的精神。谁是企业的英雄?谁推动了企业的前进，谁就是真正的英雄。要任劳任怨、尽心尽责地完成本职工作；不怕困难，越挫越勇。身体上艰苦奋斗是手脚勤快，思想上艰苦奋斗是勤于动脑。

7. 团队是生命线。团队至高无上，团队是最佳的生存之道。公司容许个人英雄主义的存在，但必须融于团队之中。

8. 把小事做细。我们提倡注意细节，把小事做细。在这个问题上，个人改变心浮气躁、浅尝辄止的毛病非常重要，这样做能使你在做事的细节中找到机会，从而使自己走上成功之路。

9. 好消息下传，坏消息上传。好消息（积极的情绪）要传递给公司的每一位员工，坏消息（消极的情绪）只能告诉你的领导、你的领导的领导，而向下传播消极情绪是违背职业道德的，是职场犯罪。

10. 服务等于人品。服务质量的好坏等于人格品行的好坏。谁提供了不合格的服务，谁就是不合格的员工，优秀的服务是优秀的人干出来的。

11. 成为狼。狼有三大特性：一是敏锐的嗅觉，二是不屈不挠、奋不顾身的进攻精神，三是群体奋斗的意识。要想与狼共舞，你就必须变成狼。

12. 坚定目标，计划工作，工作计划。不要固执，不要形式化，要看你坚持的目标在哪里。在什么时候坚持？什么地方坚持？看看你的目标。目标重要，计划更重要，你的工作没有计划，你就成为别人计划中的一部分。

13. 付出才能杰出。如果把"付出"看成一种投入的话，那么"杰出"就是产出。你将会有多么杰出，要看你有多少付出。

14. 公司兴亡，人人有责。公司是船，我是一名水手，让船乘风破浪、安全前进是我不可推卸的责任。掌握公司命运的不仅仅

没有人富有得可以不要别人的帮助，也没有人穷得不能在某方面给他人帮助。

是董事长，每一名员工都有责任。因此，只要是有益于公司的事情，我们都应该全力以赴地去做；只要是有害于公司的行为，我们都要予以警示和阻止。

15. 超越本分。守本分的意思是你只做你该做的，别的你不管。在地产中介你可以守本分，不过是要把整个企业作为你的本分，超越本分其实是守一个更大的本分。如果你视企业为一个整体，那么所有的事都和你有关。超越本分的心态是愿意负起更大的责任。

16. 心不难，事就不难。这个世界不是有权人的世界，也不是有钱人的世界，而是有心人的世界。这颗心就是——责任心。少犯错误的人不是具有天才的人，而是有责任心的人。

17. 专业就是权威，专业是一种精神。什么样的人在职场最受欢迎？专家型的人才！在企业中有些人的存在是没有意义的，因为他们没有专业精神，无法被人依赖，他们只是企业中的某些躯壳。专业是一种精神，一种可贵的精神。没有专业，就没有权威，专业意味着你不但懂得做事，而且懂得如何做好它。

18. 速度就是一切。在绝对竞争的市场中只有两种人，一种是动作快的人；另一种就是"死人"。那些动作慢的人，就像死人一样。速度就是一切，无论是成交还是成长，没有速度，一切只能是空谈。

最影响经纪人业绩的坏习惯

1. 拖延的习惯——不能立即且坚定的行动。

2. 六项基本的恐惧——心里充满恐惧的人不会成功。六种基本的恐惧是：A 贫穷；B 批评；C 病痛；D 失去所爱的人；E 年老；F 死亡。这些基本的恐惧应该再加上一项：担心目标客户不买的恐惧。

3. 花太多时间"聊天"而不是销售。

4. 把责任推给业务经理。业务经理没有义务陪推销员拜访客户。他的工作是教推销员怎么做，而不是替他做。

5. 找借口。不要找借口，找订单才有用。

6. 把太多时间耗在旅馆大厅或咖啡馆。旅馆大厅或咖啡馆是休息的好去处，但是"休息"太多的推销员，迟早会被炒鱿鱼。

7. 昨天的宴会很好玩，但对隔天的生意却没有帮助。

8. 依赖业务经理替你寻找客户。

9. 听到别人说"不"。这个字对一个真正的推销员而言，只是努力的开始。如果每个客户都说"好"，推销员就失业了，因为根本就不需要推销员。

10. 害怕竞争。亨利·福特有很多竞争对手，但他一点儿也不担心，因为他有勇气和能力推出超低价位的八气缸汽车，使其他品牌在短期内望尘莫及。

11. 未能事先安排一天的工作计划。事先规划的人能够合理、

知识是死的，人是活的，我相信活的终究会战胜死的。

有效地完成当天的工作，如果没有组织，推销员自然"不知该如何着手"。

12. 疏于拜访客户。目标客户对于没有在一定时间内拜访的推销员，很快就会疏远。客户需要产品，马上就要！

13. 怠惰。业务会议、约客户见面迟到，早早回到办公室的推销员将一事无成，很快就要再找新的工作。

14. 使用破旧或不合时宜的推销材料。污损、破旧、散乱的推销材料，显示推销员的散漫不用心。

15. 未随身带笔。书写工具是推销员有效的利器，销售大师随身带着合用的笔。目标客户会很快厌恶老是借笔写字的推销员，尤其是借了不还的人。

16. 因为眼镜或饰物而分心。不安地看手表、转动戒指、推镜框或咬眼镜架、故作思考状，会使目标客户紧张，失去成交的机会。

17. 无精打采的解说。仔细听你自己的解说，如果连你自己都不想听——自言自语、枯燥无味——客户一定也是同样的感觉。

18. 提及私人的问题。你的问题是你自己的问题，每个人都有自己的困扰，并不想听你的问题。

19. 没有看或听完在职训练的材料。公司的文宣材料不是用来折纸飞机或空投垃圾桶的，而是有话要告诉你，所以应该仔细研读，随时应用。

有关房地产经纪人的小问答

1. 房地产经纪人有没有全国性的行业组织？

中国房地产估价师与房地产经纪人学会是全国性的房地产估价和经纪行业自律管理组织，由从事房地产估价和经纪活动的专业人士、机构及有关单位组成，依法对房地产估价和经纪行业进行自律管理。

中国房地产估价师与房地产经纪人学会的会员分为个人会员和单位会员。个人会员分为执业会员和非执业会员，其中包括资深会员和荣誉会员。单位会员分为团体会员、理事单位会员和常务理事单位会员。凡承认《中国房地产估价师与房地产经纪人学会章程》，具备会员条件的个人和单位均可申请入会。

2. 房地产经纪人资格证考试是怎么回事？

2014年之前，国家对房地产经纪人执业资格实行全国统一大纲、统一命题、统一组织的考试制度，由人力资源和社会保障部、住房和城乡建设部共同组织实施，原则上每年举行一次。拿到该证之后可去当地房地产经纪主管部门备案，从事房地产经纪业务。而现实的情况是，该考试的通过率比较低，同时考试内容太偏重于理论，对从业人员实际的指导意义并不大。2014年8月12日，国务院发布《国务院关于取消和调整一批行政审批项目等事项的决定》，取消11项职业资格许可和认定事项，其中，取消房地产经纪人员职业资格许可和认证排在首位。但是取消房地产经纪的职业资格认证，并非意味着要放弃对房地产经纪行业和经纪人的监管，未来行业竞争将更为激烈。

3.房地产经纪人不能承揽哪些业务？

法律法规规定不得交易的房地产和不符合交易条件的保障性住房的经纪业务；违法违规或者违背社会公德、损害公共利益的房地产经纪业务；明知已由其他房地产经纪机构独家代理的经纪业务；自己的专业能力难以胜任的房地产经纪业务。

4.房地产经纪人与置业顾问有什么区别？

置业顾问是在售楼处通过现场服务引导客户购买，促进楼盘销售，为客户提供投资置业的专业化、顾问式服务的综合性人才。而房地产经纪人是受委托进行双边或多边接洽、事务代理、信息咨询服务的人员。通俗来讲，置业顾问是卖新房子，房地产经纪人是卖二手房。

第二部分 夯实基础心不慌

打造完美的个人形象

礼仪是指人们在各种社会交往中,用以美化自身、尊重他人而约定俗成的行为规范和准则,礼仪的实质是相互尊重,而销售礼仪,是指在房地产销售过程中应遵从的礼仪和行为规范。个人形象要从以下几个方面注意:

1. 仪容

(1)头发:干净整洁,忌夸张发型和染发,男士发长不过耳,女士要求束发。

(2)面部:男士胡须干净,女士要求化淡妆,忌过分夸张的化妆。

(3)口腔:清洁无异味,可在公文包里放一盒口香糖备用。

(4)指甲:不宜过长,指缝干净,无夸张涂抹。

(5)体味:无不雅体味,用淡味香水。

2. 仪表

(1)着装:无特殊情况,经纪人在上班时间应着工作服,服装合体、干净、整洁无皱褶,忌穿大衣或其他过分臃肿的服装上班。

(2)领带:要与西装、衬衫合理搭配。例如:格子衬衣宜配斜纹领带,直纹衬衣宜配方格图案领带,暗格衬衣宜配花纹领带,同类型图案的衬衣、西装和领带不宜相配,印花或花型图案的领带最好配素色的衬衣等。领带长度至皮带扣处。

(3)首饰:女士佩戴首饰全身不超过3件,尽量同一质地,忌夸张装扮。

（4）袜子：注意与皮鞋的搭配，忌黑皮鞋配白袜子。

（5）鞋：要求穿正装皮鞋，鞋面光亮无尘。

3. 仪态

（1）站：抬头，收下颌，挺胸，收腹，提臀，双脚并拢或与肩宽，双手自然下垂或在胸前交叠。交际场合双手不可叉在腰间，也不可抱在胸前；不可驼着背，弓着腰，不可眼睛不断左右斜视；不可一肩高一肩低，不可双臂胡乱摆动，不可双腿不停地抖动。在站立时不宜将手插在裤袋里，更不要下意识地出现搓、剐动作，也不要随意摆动打火机、香烟盒、玩弄皮带、发辫等。这样不但显得拘谨、有失庄重，还会给人以缺乏自信和没有经验的感觉。

（2）行：步态稳重有力，双手自然摆动，位于客户左前方，与客户保持2～3步的距离。行走最忌内八字、外八字；不可弯腰驼背、摇头晃肩、扭腰摆臀；不可膝盖弯曲，或重心交替不协调，使得头先去而腰、臀后跟上来；不可走路时吸烟、双手插在裤兜；不可左顾右盼；不可无精打采，身体松垮。

（3）坐：入座时要轻稳，女士就座时，应用手将裙稍稍拢一下，男士则应将西服扣打开。坐在椅子上时，上体保持站姿的基本姿势，头正目平，嘴微闭，面带微笑、双膝并拢，两脚平行，鞋尖方向一致，做到两腿自然弯曲，小腿与地面基本垂直。双脚可正放或侧放，并拢或交叠。女子的双膝必须并拢，双手自然弯曲放在膝盖或大腿上。如坐在有扶手的沙发时，男士可将双手分别搭在扶手上，而女士最好只搭一边，倚在扶手上，以显示高雅；坐在椅子上时，一般只坐满椅子的2/3，不要靠背，仅在休息时才可轻轻靠背；当然，坐姿还可以上体与腿同时转向一侧，面向对方，形成优美的"S"形坐姿，还可两腿膝部交叉，脚内收与前腿膝下交叉，两脚一前一后着地，双手稍微交叉于腿上。无论采取哪种坐的姿势，关键要做到自然、美观、大方，切不可表现出僵死、生硬。忌双腿不停地抖动，甚至鞋跟离开脚跟晃动；坐姿与环境要求不符，入座后二郎腿跷起，或前俯后仰；不能将双腿搭在椅子、沙发和桌子上；女士叠腿要慎重、规范，不可呈"4"字形，男士也不能出现这种不雅的坐姿；坐下后不可双腿拉开成八字形，也不可将脚伸得很远。不规范的坐姿是不礼貌的，是缺乏教养的表现。对不雅的坐姿应在平时加以纠正，养成良好的就座姿态。

（4）目光：忌与客户讲话时不正视、死盯、冷漠、左顾右盼。

接听电话也有礼仪

电话被现代人公认为便利的通信工具,在日常工作中,使用电话的语言很关键,它直接影响着一个公司的声誉;在日常生活中,人们通过电话也能粗略判断对方的人品、性格。因而,掌握正确的、礼貌待人的打电话方法是非常必要的。随着科学技术的发展和人们生活水平的提高,电话的普及率越来越高,人离不开电话,每天要接、打大量的电话。看起来打电话很容易,对着话筒同对方交谈,觉得和当面交谈一样简单,其实不然,打电话大有讲究。

1. 电话铃响三声内接听,接起电话说"您好",声音清晰、亲切、有精神;话筒确认靠在嘴边,再开始讲话,切忌不要接电话时还在与他人讲话,如迟接电话应表示歉意。

2. 若周围吵嚷,应安静后再接电话。接电话时,与话筒保持适当距离,说话声大小适度,嘴里不含东西,若因有急事或在接另一个电话而耽搁时,应表示歉意。

3. 去电者应先自报姓名,问明对方称谓后尽量以称谓称之。

4. 接话者应左手执话筒,右手执笔,手边随时准备好记录本随时记录通话内容。

5. 通话要使用文明用语,"您""请""谢谢""对不起"等;注意控制语气、语调,做到亲切、简练、清晰,当遇到电话听不清楚时,要及时向对方声明,以确保通话质量。

6. 接听来电，包括电话的转接，了解清楚来电者身份、目的、需求，并将这些信息在第一时间准确传达给相应的人。若当事人外出或离开时，应记录在留言本上，待同事回来后在第一时间转达，并确认回复。

7. 需要对方等待时，应委婉说明原因，如"××正在接电话，请稍等"。

8. 若受话者仍无法接听，等待10秒内，应告知对方，询问是否仍要等（最好留话，再回电）。

9. 若是客户，应尽力将其资料留下；若女士来电，请问贵姓后，称女士。

10. 仔细、耐心倾听对方讲话，不打断对方。

11. 如果对方打错电话，应礼貌地告诉对方，"对不起，您打错电话了"。

12. 谈话结束，由地位高者如上级领导、客户先挂机，双方地位平等时应由主叫先挂机。后挂电话者，听到咔嚓声音才轻轻地将电话挂断。

13. 接到同事转过来的电话应说"××（自己的名字）很高兴为您服务"而不是"喂"或"您好"。

14. 忙碌时结束通话要表示歉意，说"×先生/女士！跟您谈得很愉快，但现在正好有人进来找我，有空再与您联络，真抱歉！再见！"。

15. 工作时间不要接听与工作无关的电话，千万别使用公司电话聊天。

16. 接听手机时，无论对方为何种身份，都应说"您好！"，不能以方言或"喂"、"哎"等应答；店长、秘书要做好带头示范工作，还要起到监督、提醒小伙伴规范接听的作用。

17. 先拨客户的固定电话，找不到时再拨手机。

18. 在嘈杂环境中，听不清楚对方声音时要说明，一会儿再给您打过去。

19. 对于来电，需要记录的，要详细、认真、清楚地做好登记。

递送名片有讲究

名片是商务人士的必备沟通交流工具，名片像一个人的简单履历表，递送名片的同时，也是在告诉对方自己姓名、职务、地址、联络方式。名片是每个人最重要的书面介绍材料，是一个人身份的象征，当前已成为人们社交活动的重要工具。因此，名片的递送、接受、存放也要讲究社交礼仪。

1. 名片的放置

一般来说，把自己的名片放在容易拿出的地方，不要将它与杂物混在一起，以免用时手忙脚乱，甚至拿不出来；一般名片都放在衬衫的左侧口袋或西装的内侧口袋，名片最好不要放在裤子口袋。若有手提包，可放于包内伸手可得的部位。不要把名片放在皮夹内、工作证内，甚至裤袋内，这是一种很失礼貌的行为。另外，不要把别人的名片与自己的名片放在一起，否则，一旦慌乱中误将他人的名片当作自己的名片送给对方，这是非常糟糕的。要养成检查名片夹内是否还有名片的习惯。

2. 出示名片的礼节

出示名片的顺序：名片的递送先后虽说没有太严格的礼仪讲究，但也是有一定顺序的。一般是地位低的人先向地位高的人递名片，男性先向女性递名片。当对方不止一人时，应先将名片递给职务较高或年龄较大者；或者由近至远处递，依次进行，切勿跳跃式地进行，以免对方误认为有厚此薄彼之感。

出示名片的礼节：向对方递送名片时，应面带微笑，稍欠身，注视对方，将名片正对对方，用双手的拇指和食指分别持握名片上端的两角送给对方，如果是坐着的，应当起立或欠身递送，递送时可以说一些："我是××，这是我的名片，请笑纳"、"我的名片，请您收下"、"这是我的名片，请多关照"之类的客气话。在递名片时，切忌目光游移或漫不经心。出示名片还应把握好时机。当初次相识，自我介绍或别人为你介绍时可出示名片；当双方谈得较融洽，表示愿意建立联系时就应出示名片；当双方告辞时，可顺手取出自己的名片递给对方，以示愿结识对方并希望能再次相见，这样可加深对方对你的印象。上司在旁时不要先递交名片，要等上司递上名片后才能递上自己的名片。

3.接受名片的礼节

接受他人递过来的名片时，应尽快起身或欠身，面带微笑，用双手的拇指和食指接住名片的下方两角，态度也要必恭必敬，使对方感到你对名片很感兴趣，接到名片时要认真地看一下，可以说："谢谢！"、"能得到您的名片，真是十分荣幸"等。然后郑重地放入自己的口袋、名片夹或其他稳妥的地方。切忌接过对方的名片一眼不看就随手放在一边，也不要在手中随意玩弄，不要随便拎在手上，不要拿在手中搓来搓去，否则会伤害对方的自尊，影响彼此的交往。同时交换名片时，可以右手递交名片，左手接拿对方名片。不要无意识地玩弄对方的名片，不要当场在对方名片上涂写。

名片的用途十分广泛，最主要的是用作自我介绍，也可随赠送鲜花或礼物，以及发送介绍信、致谢信、邀请信、慰问信等时使用，并在名片上面留下简短附言。使用时最重要的是知道如何建立及展现个人风格，使名片更为"个性化"，例如：送东西给别人，在名片后加上亲笔写的："友谊天长地久"、"祝你工作顺利，早日升职加薪，职业生涯顺风顺水"等。

介绍礼仪勤琢磨

1. 自我介绍

（1）时间：自我介绍时应注意的时间问题具有双重含义。一方面要考虑自我介绍应在何时进行。一般认为，把自己介绍给他人的最佳时机应是对方有空闲，心情好，或者对方有认识你的兴趣，主动提出认识你的请求的时候，等等。另一方面要考虑自我介绍应大致需要多长时间。一般认为，用半分钟左右的时间介绍就足够了，至多不超过1分钟。有时，适当使用三言两语一句话，用上不到10秒钟的时间，也不为错。

（2）态度：在作自我介绍时，态度一定要亲切、自然、友好、自信。介绍者应当表情自然，眼睛看着对方或大家，要善于用眼神、微笑和自然亲切的面部表情表达友谊之情。不要显得不知所措，面红耳赤，更不能一副随随便便、满不在乎的样子。介绍时可将右手放在自己的左胸上，不要慌慌张张，毛手毛脚，不要用手指指着自己。

（3）内容：在介绍时，被介绍者的姓名全称、供职单位、担负的具体工作等，被称作构成介绍主体内容的三大要素。在作自我介绍时，其内容在三大要素的基础上又有所变化。具体而言，依据自我介绍内容方面的差异，它可以分为四种形式。

第一种为应酬型。它适用于一般性的人际接触，只是简单地介绍一下自己。如"您好！我的名字叫×××。"

第二种为沟通型。也适用于普通的人际交往，但是意在寻求与对方交流或沟通。内容上可以包括本人姓名、单位、籍贯、兴趣等。

第三种为工作型。它以工作为介绍的中心，以工作而会友。其内容应重点集中于本人的姓名、单位以及工作的具体性质。

第四种为礼仪型。它适用于正式而隆重的场合，属于一种出于礼貌而不得不作的自我介绍。其内容除了必不可少的三大要素以外，还应附加一些友好、谦恭的语句。

2. 为他人介绍时的规则

- 将男士先介绍给女士。如："张小姐，我给你介绍一下，这位是李先生。"
- 将年轻者先介绍给年长者。在同性别的两人中，年轻者先介绍给年长者，以示对前辈、长者的尊敬。
- 将地位低者先介绍给地位高者。
- 将未婚的先介绍给已婚的。如两个女子之间，未婚的女子明显年长，则又是将已婚的介绍给未婚的。
- 将客人介绍给主人。
- 将后到者介绍给先到者。

作为被介绍的双方，都应当表现出结识对方的热情。双方都要正面对着对方，介绍时除了女士和长者外，一般都应该站起来，但是若在会谈进行中，或在宴会等场合，就不必起身，只略微欠身致意就可以了。如方便的话，等介绍人介绍完毕后，被介绍人双方应握手致意，面带微笑并寒暄。如"你好"、"见到你很高兴"、"认识你很荣幸"、"请多指教"、"请多关照"等，如需要还可互换名片。

握手学问大不同

握手，是见面时最为常见的礼仪。握手看似寻常，但学习正确的握手方式绝对不是小题大做。生活中有不少人因为没有掌握握手要领而犯了错误，导致气氛尴尬，给人留下不好的印象。

1. 握手礼行使的场合

• 迎接客人到来时；

• 当你被介绍与人认识时；

• 久别重逢时；

• 社交场合突遇熟人时；

• 拜访告辞时；

• 送别客人时；

• 别人向自己祝贺、赠礼时；

• 拜托别人时；

• 别人帮助自己时等。

2. 握手礼行使的规则

两人之间握手的次序：上级在先，长辈在先，女士在先，主人在先；而下级、晚辈、男士、客人应先问候，见对方伸出手后，再伸手与他相握。在上级、长辈面前不可贸然先伸手。若两人之间身份、年龄、职务都相仿，则先伸手为礼貌。

• 如果男女初次见面，女方可以不与男方握手，互致点头礼即可；若接待来宾，不论男女，女主人都要主动伸手。
- 表示欢迎，男主人也可对女宾先伸手表示欢迎。
- 如一人与多人握手时，应是先上级、后下级，先长辈、后晚辈，先主人、后客人，先女士、后男士。
- 若一方忽略了握手的先后次序，先伸出了手，对方应立即回握，以免发生尴尬。

3. 握手礼行使的正确姿势

标准的握手方式是：握手时，两人相距约一步，上身稍前侧，伸出右手，四指并拢拇指张开，两人的手掌与地面垂直相握，上下轻摇，一般二三秒为宜，握手时注视对方，微笑致意或简单地用言语致意、寒暄。

4. 握手时的注意点

- 行握手礼时要注意力集中，不要左顾右盼，一边在握手，一边在跟其他人打招呼。
- 见面与告辞时，不要跨门槛握手。
- 握手一般总是站着相握，除年老体弱或残疾人以外，坐着握手是很失礼的。
- 单手相握时左手不能插口袋。
- 男士勿戴帽、手套与他人相握，穿制服者可不脱帽，但应先行举手礼，再行握手礼。女士可戴装饰性帽子和装饰性手套行握手礼。
- 忌用左手同他人相握，除非右手有残疾。当自己右手脏时，应亮出手掌向对方示意声明，并表示歉意。
- 握手用力要均匀，对女性一般象征性地握一下即可，但握姿要沉稳、热情和真诚。
- 握手时不要抢握，不要交叉相握，应待别人握完后再伸手相握。交叉相握在通常情况下是一种失礼的行为。有的国家视交叉握手为凶兆的象征，交叉成"十"，意为十字架，认为必定会招来不幸。

电梯礼仪 ABC

1. 伴随客人或长辈来到电梯厅门前时，先按电梯呼梯按钮。轿厢到达厅门打开时，若客人不止 1 人，可先行进入电梯，一手按"开门"按钮，另一手按住电梯侧门，礼貌地说"请进"，请客人们或长辈们进入电梯轿厢。

2. 进入电梯后，按下客人或长辈要去的楼层按钮。若电梯行进间有其他人员进入，可主动询问要去几楼，帮忙按下。电梯内可视状况是否寒暄，例如：没有其他人员时可略做寒暄，有外人或其他同事在时，可斟酌是否有必要寒暄。在电梯内尽量侧身面对客人。

3. 到达目的楼层，一手按住"开门"按钮，另一手并做出请出的动作，可说："到了，您先请"。客人走出电梯后，自己立刻步出电梯，并热诚地引导行进的方向。

4. 升降电梯，男士应主动按电梯开启键；待电梯门开启后，男士应手挡电梯边门，让女士先进；进电梯后男士应站在按键旁边，问女士到几楼，得到答案后帮忙按楼层键。

5. 扶手电梯，应该让女士先上，站在靠右边的扶手位置。

6. 按照先下后上原则，排队等电梯自觉往两边站，给别人留出下电梯通道。若遇到上司，有礼貌地站在上司身后；若遇客户，可选择与对方并肩而站，方便沟通。

7. 按照职位高低，站位也有讲究。一般来说，有电梯按钮的一侧供级别较低者站立。领导一般站立在轿厢正中央最靠门的位置，背后是助理、秘书。如果你是普通职员，最好站立在电梯两侧。

8. 电梯内不要大声说话，不要乱挤，不要盯着陌生人看，不要抽烟。

9. 施工电梯，销售人员先进后出。

10. 客梯，销售人员后进后出，左手按住电梯按钮，右手为客户挡住电梯门。

不可不知的网络礼仪

虚拟网络实现了资源、信息共享,而专业的网络营销平台加快了房源资讯的传递速度、方便了经纪人与客户之间的远程交流合作,但网络营销同时也是一柄双刃剑,在实现效率提高的同时,也为种种不良行为的萌芽提供了便利。由于房地产经纪人使用网络的频率越来越高,注重网络礼仪也是不容忽视的问题。"网络礼仪"是指在网上交流信息时被嘉许的各种行为,网络虽然是一个"不受制约"的地方,但适当的规范是必需的,毕竟面对的也是和你一样有血有肉有感情有思想的人,必须注意自己的言行举止。

1. 不能在网上向消费者强行灌输有关信息。网络消费的一个最大特点是消费者的个性化需求回归,消费者在消费心理上使自己变得主动,而网络的互动性为他们的主动提供了条件。他们不欢迎不请自来的广告,但会在个性化需求的驱动下,主动到网络上寻找相关的信息。

2. 要记住别人的存在。互联网为来自五湖四海的人提供了一个共同聚集的地方,这是高科技的优势,但往往也使我们面对电脑屏幕时忘了是在跟其他人打交道,我们的行为也因此容易变得更粗鲁和无礼。因此网络礼节第一条就是:记住别人的存在。

3. 网上网下行为一致。网络让两个互不相识的人可以随意聊天,但注意不要因为客户不知道自己是谁,就说一些不符合身份的话,要知道,尽管就算说了一些不恰当的言行,客户也不知道你是谁,但你损害的是整个行业的形象。另外,也许客户通过网上咨询后,会要求网下咨询(电话、见面),应保持同样的耐心和态度。

4. 要心平气和。不管论坛还是聊天室,人们共聚一起,意见总是会有分歧的,矛盾总是存在的,争论是正常的现象,要心平气和。房地产经纪人要以理服人,不要在网络与客户争论、谩骂甚至人身攻击。

5. 乐于分享。不要吝惜你的专业知识,不要过于功利化,要把互助摆在第一位。

整个网络之间的交往都是建立在公平、自由和自律基础上的,因此网络营销等商业行为必须遵守网络礼仪,才能获得人们的信任,从而达到营销和宣传目的。教养体现细节,细节展示素质,网络交往更能体现一个人的修养和综合素质。在网络上遵守相关礼仪才能获得更多的房源和客户,才能为提升业绩奠定良好的基础。

精耕商圈打基础

随着房产市场的不断成熟,商圈精耕无论对中介公司还是对门店、经纪人,都变得越来越重要。如何满足购房客户的要求,迅速为其锁定合适的房源,成为房产交易的关键,而这也恰恰是商圈精耕的精华所在。商圈精耕可以形成局部优势,不论竞争对手有多么强大,当你专注聚焦于某一个区块深入耕耘,就能形成局部优势,在"小池塘里当最大鱼",战胜对手。我们不需要担心同业的店人数多,只要我们能在一个特定的商圈区域内,深入经营,赢得客户信赖,仍能成为赢家。

何为商圈?一般可归纳为以下三点:第一,商圈是一个具体的区域空间,是一个大致可以界定的地理区域;第二,商圈是一个具体的销售空间,同时又是一个具体的购买空间,而且,这个地理区域空间很容易在地图上标示出来;第三,商圈内各种销售辐射力和购买向心力构成一个类似物理学中"场"的"商业场",商业活动就是在这个商业场中进行的。商圈是单店经纪人的日常活动范围以及其房源、客源主要产出的范围。

商圈可按照两种不同的标准进行分类,第一种为主要商圈:商店在此区域内的顾客数约占总顾客数的55%～70%;次要商圈:商店在此区域内的顾客数约占总顾客数的15%～25%;边缘商圈:商店在商圈中剔除前两种商圈后,剩余顾客所构成的区域。第二种为边缘商圈:1500米以上;次要商圈:500～1500米范围内包含大约二成的顾客；主要商圈:500米范围内包含大约七成的顾客。商圈调查可以通过实地观测、报刊网络、访谈、问卷等方式与途径进行。

在商圈调查时，要注意商圈耕耘区域力求细分化，商圈特性必须确实分析，商圈耕耘与社区相结合，商圈耕耘的实施必须是持续性的，商圈耕耘必须经过计划、执行、检讨三个落实的程序。

1. 商圈调查的目的和作用

（1）了解你的工作环境。

（2）了解自己的能力，能否适应你所从事的工作。

（3）了解你工作对象的详细情况，便于开展下一步的工作。

（4）有计划地开展商圈的客户及房源开发。

（5）帮助新入职的房地产经纪人获得初步的行业感知。

（6）有利于帮助新人成长并对新人的适应度作出判断。

（7）有利于提高社区活动的影响力，迅速建立专业形象。

（8）便于在今后和客户确认价格的过程中取得主导地位。

（9）售后服务过程中，使无形的服务有形化，并使服务得到增值，为日后取得推荐业务打下良好的基础。

（10）对商圈内竞争对手的了解，做到知己知彼。

2. 商圈调查的流程

确定商圈调查项目、范围——确定调查经纪人——配套设施资料——社区建筑物布位图——竞争店资料

3. 商圈调查前的准备

（1）店长的准备工作

①对所管辖商圈，了解其范围、主要街道及主要社区，并绘制简图。

②根据参与调查的经纪人数的不同，将辖区划分为若干片区。

③为经纪人准备好纸张、地图、铅笔。

④对经纪人每天的调查量做出安排。

⑤针对社区的情况，有需要的时候，设计出调查问卷。

（2）新经纪人的准备工作

①准备好公文包、交通工具、水壶、毛巾和风油精（夏天）。

②熟悉并准备好调查的目标和内容，以及将要填写的表格。

③对店长安排的计划提前熟悉，并安排自己下一天的行程。

4. 商圈调查的内容

地理位置、环线位置、类型、建筑形式、交通状况、现在价格、开盘价格、物业费、供暖费、停车费、供暖方式、装修状况、容积率、入住（建成）时间、周边配套设施（学校、医院、银行、饭店、菜市场、公园、药店、超市、书店等），以及户型等。

（1）新楼盘

①要了解现在市场有哪些新楼盘在建和即将开发，它的物业名称和位置，以及是哪家开发商和建筑商。

②要了解每个新楼盘的均价是多少，起价是多少，共有几个楼座，是高层还是多层，共有几层，每一层的浮动价格，都有哪些户型，不同户型的面积是多大，是什么朝向，都有哪一些户型好销售以及它的建筑结构。

③要了解新楼盘规划用地的面积和规划用地的用途，绿地面积和配套设施及周边的交通是否方便，有无停车场和费用，竣工日期和交房日期以及产权证的办理时间，是否可贷款以及贷款的额度和年限。

④要了解新楼盘是什么样的物业管理（如封闭式的、开放式或酒店式还是其他）以及它的管理费用，是住宅、写字楼、商住两用还是别墅等。

⑤对新楼盘进行市场分析为以后做准备。

（2）二手楼盘和小区

①要了解其二手楼盘的名称和管理方式，物业管理公司的名称、电话、位置和物业费用。

②要了解其小区的位置和建成年代以及建筑结构，有多少楼座、一梯几户、共是几层，此小区的配套设施（如是否有双气、是否有停车位），周边的大环境和周边的辅助设施，公交路线都有哪些，都有哪些大型的学校、医院、银行、超市、酒店和宾馆。

③要了解小区的平均价位和周边市场价，人口的组成部分和消费水平，房屋的性质（已购公房、商品房等），出租或出售的比例，是否可贷款和贷款的年限。

④对调查小区的售价和租价进行分析和周边市场的比较。

5.绘制商圈图

商圈图上主要标注以下内容：

（1）主要建筑物：每栋楼需标示楼高，7层楼以上应标大楼名称。

（2）门牌：街角和巷道两旁，应注明门牌号码。

（3）街道，单行道或双行道，道路宽度（每部车宽2米）。

（4）公共设施：公园、绿地、广场、儿童游乐场、学校、停车场、体育场馆、图书馆、批发市场、零售市场。

（5）生活设施：自选商场、连锁店、医疗机构、政府机关、消防设施、公安派出所、邮电局、银行。

（6）其他有一定负面影响的设施：变电站、加油站、航空站、污水处理站、焚化炉、高压铁塔、移动通信塔、液化气站、屠宰场、殡仪馆、火葬场。

（7）休闲设施：电影院。

（8）公交站：标示地点及站牌标示方式。

（9）高架桥、公路大桥。

（10）铁路、汽车客运站。

"大打出手"该休矣

房产中介遍布城市的大街小巷,主流的商圈三步五步就有一个店面。容量非常有限的市场,让太多争分蛋糕的房产中介之间陷入了白热化竞争的状态。口舌之争根本就是家常便饭,严重的甚至发生群殴事件。中原地产某店经理砸伤邻店女业务员、中大恒基与中原地产争地盘发生冲突、链家数员工冲入天泰置地打人……各种打架斗殴事件不绝于耳。

面对业务纠纷,作为经纪人和中介公司的负责人,该怎么处理。一家加盟品牌总部接到一家店面的投诉,值得思考。甲乙两个店同处一个商圈,均是加盟店,相互之间距离较近。甲公司的经纪人小王由于请假回家,而客户要过来做代办业务,于是该店店长便约了客户下午3:00准时过来签订合同,谁知等到3:10,客户还没有过来,打电话一问,客户说已经把钱交给店里了。店长一想,肯定有猫腻,经过核实,原来是客户路过乙店时,看到也是该品牌的店面便进去了。客户问:"小王是不是请假了。"乙店的经纪人说:"是,我们两个店都是一家的,从我这边做就可以,回头我给小王说一声就行。"结果客户就从这边签订了代办合同,缴纳了费用。

至此,所有真相大白。甲店的店长也是顾全大局的人,他没有直接再和客户理论,也没有到乙店去闹腾,而是投诉至总部。总部经过协调,最后两个店也达成了谅解,事情较为圆满地解决了,总部给予乙店一定的处分,以儆效尤。

在这次抢客户事件中,明显的过错方在乙店,乙店也及时地承认并纠正了自己的错误。甲店也没有咄咄逼人,因为毕竟两个店面离得很近,以后可以加强合作,没必要成为"敌人"。试想,如果在这次事件中,甲店的负责人一冲动,带上一批人到乙店据理力争,得理不饶人,那么周围的居民怎么看?客户知道了会怎么看?最终是两败俱伤,品牌也在区域内受到影响。

北京一家知名的房地产经纪公司,高峰时期直营店达到了500余家,在北京地区形成了一个布局合理、结构紧密、专业化水平高,并且拥有很高知名度的房地产经纪服务网络。该公司董事长刘某涉嫌敲诈勒索于2008年被捕,这个案子的嫌疑人涉及公司中高层管理者及业务人员共18名。2005年11月10日,因与北京另一家房地产经纪有限公司发生房屋代销纠纷,刘某手下30多人赶到这家公司办公室,殴打多名员工,强行拿走定金和预付房款共计10万元。

就该事件而言,无论是谁的过错,采取这种方式肯定不妥。本来与同行发生纠纷,有点矛盾是再正常不过的事情,可以选择行业组织或者其他中立的第三方通过协调、法律诉讼等多种合理合法的途径解决。如果一发生纠纷就大打出手,用武力解决,那肯定长久不了,就和上述公司一样,涉嫌犯罪的都锒铛入狱,而公司的知名度和业务也受到了重创。

目前,房地产经纪行业的从业人员多为80后、90后,年轻气盛,遇上事情有时一冲动便失去理智。作为成年人,要充分考虑后果,千万不能意气用事。而作为公司负责人,也不能一听说和同行有纠纷便气急败坏,马上纠集人马过去理论,要详细了解事情的原委,分清对错和轻重,然后再通过合法的途径化解纠纷。

你卖的不是房子

作为房产中介的你卖的是房子吗？可以说是，当然也可以说不是。

在二手房买卖中，你要注意的是什么？可能你会认为你每天卖的是房子。是的，我们的确每天卖房子，但房子不属于你的，所以可以说你卖的不是房子，而是一种服务。

实际上需要了解的是客户的需求，他为什么要买房，自住还是投资，弄懂这些是非常重要的。你还可以根据需求有针对性地推荐，安排带看，而非盲目地带客户看房。

有针对性地向客户推荐，客户会觉得你很专业。你能够站在他的角度，就需要有独立换位思考的能力，如果你没有这种能力，就得多学习和锻炼。

能积极地与客户沟通，不要怕麻烦，不要惧怕客户。其实试想一下，如果你打的电话比较多，客户会不会觉得你很认真呢，甚至认为你很负责任地在帮助他，自然能更好地记住你。因为带他看房的中介肯定不会少，一般情况下，他根本用不着费心记你是小何还是小李。

不是说每次打电话都说房子，向他推荐房源，可以聊别的话题，给他建议。经营客户，也就是和客户交朋友；开始可能很辛苦，要自己出去寻找，但到了后期主要就是经营客户了。说不定客户会请你吃饭，喝茶，慢慢地介绍朋友过来买房。你会觉得卖房不那么累了，而是一件很有趣味的事。

个人的专业性是非常重要的。现在很多买房子的都很专业，他们看了很多房子，可能是第5套、第10套，你不要被他难住了。缺少专业知识没什么大不了，赶快去补也来得及。

看完后，你还会觉得你卖的是房子吗？

管理好自己的时间

时间是公平的，给予每人每天都是 24 小时。但为什么有人有办法在有限的时间内兼顾事情，同时也在其中得到成长与快乐？而有些人总抱怨时间不够用，事情做不完，投入了时间也得不到很好的效率？时间其实就是海绵里的水，要合理安排。下列几种方法供你参考，也许你因此对做事的方法、次序、轻重缓急等，有更好的分配方式。

- 不想做的事情放在后面，从想做的事情开始做。
- 有想法的事情先做，不知道的后做。
- 从简单的开始做起，困难的后做。
- 不费时间的先做，费时间的后做。
- 资料容易收集的事情先做。
- 赶时间的事情先做，其他的事情后做。
- 计划好的先做，没有计划的后做。
- 重要紧急的事情先做，重要不紧急的后做。
- 有兴趣的事情先做，没有兴趣的后做。
- 能早日达成个人目标的事情先做。
- 期限快到前更要努力认真地做。
- 已经决定的事情先做。
- 符合工作高价值、高收益标准的先做。
- 依眼前出现的顺序进行工作。

- 衡量做与不做会给自己带来什么样的后果。
- 学习应付重大局面及紧急事态。

调整心态应对淡季市场

任何行业都有发展的规律,都会经历波浪式的发展模式,我们不能违背这个发展规律,在市场发展的淡季,消费者预期不可避免,但如何让房地产消费者预期缩短,让更多的买房者看到房产即将产生的放假回调趋势,将是决定未来房地产回归理性发展的关键点。作为房地产从业人员,我们应该更加提前于广大消费者,坚定房地产市场的信心,起到行业舆论领导者的角色,为房地产市场行业理性回归努力贡献自己的一份力量。

1. 对市场保持耐心

坚定信心后,我们仍要理性看待市场。国家正在积极救市,提振经济,但由于投资者对未来的不确定预期及宏观调控的时滞性,还需要较长调整期。中央政府在完成一系列的政策转变后,中国房地产市场才有可能从调整期进入恢复期,保守估计恢复期约持续 1~2 年时间。基于国情,我们要对房地产市场的调整与恢复保持耐心,不要急于求成,或是短期内没有见到较大市场回暖就盲目否定,要给房地产市场适当的时间与空间,抱着宽容平和的心态看待经济发展中的利弊。

2. 对客户保持耐心

在这种市场环境中,上门客户可谓来之不易,相信行内从业者深有体会。主观判断客户意向、挑拣客户、随便应付客户都将成为从业者在危机中失败的致命伤。无论市场好不好,尤其是在市场低迷的情况下，我们都应该遵守起码的职业操守，给客户以全心全意的服务，聆听客户的需求，帮助客户克服心理预期带来的困扰，指导客户抓住时机购买其适合的产品。相信低迷市场下成交的客户将成为更有效的资源客户。

3. 树立恒心

坚定了房地产市场信心、坚定了国家宏观调控的信心，坚定了自己的信心，能够对市场及客户保持耐心，万事俱备，就只欠东风了。而这个东风最难做到的，就是要树立一颗坚持的恒心。能够走到最后的才是胜利者，这一点在房地产行业尤其受用。把眼光放远一点，持之以恒地做房地产、持之以恒地做事、持之以恒地做人。

新式揽客法初探

一个成功的经纪人和房产中介门店必须确保足够多的潜在客户数量,才能在业绩大战中赢得先机。房产中介常规的揽客方式包括门店接待、网络开发、老客户介绍、广告宣传、熟人介绍、社区驻守等,随着竞争的进一步加剧,尤其是同处一个商圈的门店,客户的同质化异常严重。如何才能独辟蹊径,挖掘开发出更多的潜在客源呢?除了以上传统的六种方式之外,还可以借鉴其他行业的做法,加大开发力度。

1. 举办公益讲座。我们在媒体上经常可以看到"重阳节老年健康讲座"、"养生大讲堂"、"亚健康与女性健身"等,这些主题活动大多是医药公司举办的,他们以公益讲座的形式普及知识,顺便销售自己的药品和保健品。房产中介也可以借鉴举办类似活动,主题可以是普及房地产基础知识、分析房地产形势、解答房地产交易和贷款流程、宣传房地产交易政策等。在讲座的过程中打消客户的购房疑虑,启发客户的购房愿望,从而实现交易。同时,可在现场宣传企业形象和相关房源信息。利用该方式揽客时,要注意以下几个问题,首先一定要本着公益的目的,讲座要以相关的公益主题为主,捎带进行业务的推广,不可广告味太浓,功利心太强;其次事先要进行广泛宣传邀约,吸引足够多的客户来听讲座;最后要选好讲课人,其讲课的水平和技巧直接决定活动的成功与否。

2. 异业联盟。银行用这一招开发客户非常成功，持有信用卡的朋友一定知道，拿着这张卡去哪家饭店消费打折，去哪里洗车优惠，去哪里看电影可以赠送礼品等，这些商户就是银行特惠商户。银行和这些商户形成了异业联盟，这样既提升了银行的业务量，也给特惠商户带去了实惠。房产中介完全可以利用其上下游甚至不相关联的行业进行联盟，比如与店铺周边饭店进行联合，去饭店吃饭的客户发一张贵宾卡，持卡到门店买房或者租房可享受佣金折扣等优惠，而到店面买房或者租房的客户去饭店消费也可享受菜金折扣。这种联盟只要是在主攻商圈之内，旅馆、民营医院、超市、理发店、花店等都可以进行广撒网，不要太受局限。利用该方式时，要协调好联盟商户，让相关的行为落到实处，不能走形式，同时联盟双方也要给彼此的客户带去实实在在的优惠，这样才能做长远。

3. 团体揽客。开发商经常用到这一办法，他们为了尽快实现资金回笼，往往找大的单位或者公司进行批量销售。虽然房产中介不像开发商那样具备房源特别集中的优势，但可以利用单位或者居民小区的迁移等进行团体开发。比如，城市拆迁时，可能涉及成千上万户家庭，他们一部分面临三年左右暂时性的租房需求，另一部分面临立刻购房的需求。经纪人可以通过居委会或者其他政府部门，给他们提供房源信息。再比如，一些大型企业要从城市的最东头搬到最西头，一些职工就会考虑重新在工作地周边买房或者租房，经纪人可以通过企业的工会组织或者办公室积极联系，开发客户。在用此办法时，要根据团体客户的需求特征，有针对性地寻找房源，这样才能保证成交的概率。

4. 与权威部门合作。政府为服务民众，通常会针对特定的人群向商家争取优惠。比如济南市民政局推出"结婚补贴"惠民政策，济南地区两年内已结婚登记新人和未登记但需要结婚消费的准新人在结婚采购时可去相关单位领取《结婚补贴证》，补贴范围涉及房产、家电、家具、建材、金饰、钻饰、汽车等行业。济南一家房产中介看到了婚房这个巨大的刚需市场，参与了活动，凡新人持证到公司各门店购房，享受总房款相应比例补贴，收到了良好的效果。这种权威部门组织的活动可遇不可求，房产中介平时要多留意相关的信息，如有应积极加入。

5. 房展会。房展会的客户针对性较强，准备好充足的房源，成交的概率还是较高的，尤其是专业的二手房展会。这种途径需要投入展位费和布展营销费用，相对成本高，但对企业形象提升有较大的作用。

在实际的客户开发过程中，要根据不同市场和区域选择某一种或者几种方法相结合的揽客方式。随着市场的发展和形势的变化，也会出现新的揽客方式，房产中介和房地产经纪人也要与时俱进，不断总结不同方法的使用条件和效果，提高开发效率。

价值排序在房屋交易中的应用

去过科技市场的人都有这种体会,刚一进门就有业务员手拿着宣传彩页过来推销,"二楼笔记本电脑大促销,现在打七折,价格非常优惠,仅限一天,这个牌子的电脑轻便、速度快……"等他天花乱坠、滔滔不绝地说完之后,才发现你是来买相机的,最后只能悻悻而归。在平常的二手房经纪业务中,经纪人也经常犯这个低级错误。

销售一般至少要经历四个环节,需求类别、价值排序、诱因动机和达成交易。上述例子,就是业务人员没有进行需求类别的甄别,越过价值排序,直接进入诱因动机的环节。比如,我现在肚子饿了,这是我的需求,而旁边的服装店打折再厉害也跟你没有关系,有了需求类别,我才会在其中进行价值排序,到底是去吃肯德基还是麻辣火锅,如果此时火锅店正在搞"吃一盘送一盘"的优惠活动,这时的诱因动机才起作用。

客户来到店里,要先辨别他的需求类别,是租房还是买房,是出售房还是出租房;搞清楚需求类别,再了解价值排序。以买房为例,价值排序每个人都不尽相同,但不外乎以下几个方面:安全、离单位近、周边生活方便、学区、价格便宜、能和熟人或者亲戚朋友在一个小区、高档、小区人员素质高、物业好等。同样是80后买房,家庭条件和生活阅历不同,追求的购房价值排序也不一样,比如手头比较紧张的甲可能把价格便宜排在第一位,而在城市生活、家庭富裕的乙马上就要结婚，他可能将小区高档排在第一位。都是买房，价值排序不同，甲的需求可能就是非核心城区的一套年代较老的一室一厅，而乙可能就是一套品牌开发商打造的核心地段的三室一厅。

价值排序不同，决定了客户的房屋需求类别也大相径庭。客户来到门店，经纪人先要充分与其交流，进行开放式倾听交谈，了解价值排序，只有这样才能有针对性地进行房屋推荐。如果价值排序了解不清，在需求类别的环节就会很艰难。客户的价值排序与其社会阅历、人际关系、身体条件等均有关系，无所谓对错，一些人特别在乎的事情放到其他人身上就没什么，而一些人不在乎的事情到了另一些人那里就变成了大事。比如有的客户对花粉过敏，而你在没有充分了解其价值排序时，仅图价格便宜，给他推荐了植物园旁边的房子，肯定不会配对成功；而推荐给其他客户，他可能觉得挨着植物园，空气新鲜，环境优美，求之不得。

就像我们到饭店点完菜，服务员都会问有没有忌口一样，在与客户交流后，要特意问一下："还有没有特别的要求？"然后将客户所有关注的价值点按照重要性一一列出来，针对价值排序进行房屋筛选，并给其适当的"诱惑"，"房主还免费赠送一个空调"、"前两天楼上刚买了房子，比这个贵不少，你捡着便宜了"、"院子里可以种些花草"等等。当然，价值排序也不是一成不变的，经纪人也可以有针对性地给客户以引导。买房客户如此，租房客户和房主也是一样，在弄清楚需求类别和价值排序之后，诱因动机环节就显得格外重要，把握好该环节，达成交易就不是什么难事了。

听好培训课的要领

目前,房产中介对培训格外重视,各类培训接连不断,外训、内训、管理训、提高训……不一而足。但往往花了钱,搭上时间,"听听激动,想想感动,回去不动",并未收到预期的效果。培训的效果,是由两个最重要的主体控制的:一个是培训讲师,另一个就是培训学员本身。在当今社会的主流培训中,我们一般还是以被动听讲为主,也就是说,我们很难让老师按照我们个性的需求来讲授,只能是老师讲什么,我们听什么。房地产经纪人如何更有效地听培训课,是需要深入探讨的问题。笔者就从自身出发,以一个培训学员的角度,谈谈如何有效地学习培训课程。根据笔者的经验,总结出以下几点:

1.不要对培训期望值太高。一些学员去听课,一听说是"名家大家",就感觉听完这次课,好像会有脱胎换骨的变化,产生什么意想不到的效果,对培训抱有过高的希望。其实指望通过一两天的培训真正解决你面临的现实问题,这未免太理想化。能在一两天的时间里有一些感触,能和讲师的讲课内容形成一定的碰撞,引起你的思考,这就足够了,其他的就不要再奢望了。

2.不要当"评委"。一些学员听课,是戴着有色眼镜,去看看热闹,看看讲师水平怎么样,专门挑毛病。这对听课来说是大忌,当然讲课内容要结合自己的工作融会贯通,不能全盘接受,也不能认为讲师讲的全是对的,但也不能横挑鼻子竖挑眼。不论谁在讲台上，不管他是否比我们有经验，他身上肯定有值得我们学习的地方。空杯心理是我们最应该具备的。需要明确，你是去学习的，不是去当评委的；不是给老师打分，更不是取笑老师的。

3. 做足听课前准备。对于专业性的课程，在听课前，一定要做好充足的准备。比如，明天的课程是客户售后服务，那么你就要提前回想一下，平常自己在客户售后服务的实践中存在哪些问题，通过这次培训你要解决什么问题，通过与同事交流、上网等途径了解客户售后服务的方方面面。这样去听课，做到有备而来，自然能更好地理解和消化培训内容。在参加培训之前需要准备以下几件物品：（1）笔记本和笔，用来记录。（2）名片。如果现场有其他人，可以交换名片以进一步交流。（3）口香糖。与人交谈前应该保持口腔清洁。（4）录音笔。在培训主办方没有声明不许带录音设备的情况下，如果课程事先你就很认可，希望回去再重新温习的话，那么可以带上录音笔。如果主办方有规定不允许现场录音以维护版权的话，切莫做此事，有损行业道德！在时间上最好提前半个小时到场，到场后了解一下工作人员布置会场和安排事务的情况，与邻座的学员互相认识、交换名片。

4. 课堂上要积极参与。现在的行业培训，无论是业务还是激励，讲师都非常注重与学员的互动。既然去听，就不要扭扭捏捏，要放得开，老师让喊口号、回答问题、小组讨论等都要积极参与，把自己完全融入进去。也不要担心自己的观点错误让别人笑话，本身来学习就是有不清楚的地方，如果什么都明白了，也就不用来听课了。要么全力参与，要么不去听，这是培训的原则。我们听培训时，当然是以全能听到、全能记下为宜，但是对一般人来讲这是很难做到的。如果听得入神，就经常忘了记；如果只是记录，那么写字肯定没有讲师讲得快，可能这句还没有记完，下句就已经过去了。那么到底是应该以多听为主还是以多记为主呢？这要因人而异，因目的不同而异。有些学员，可能对课程本身没有太大的兴趣，而只是以开拓思维和理念为主，以中间某部分重要环节为主，那么自然可以少记一些，只要把自己在课程中闪出的灵感和某些重要理念和心得记下来就好。而有些学员是抱着更高的目的来听课的，本身对课程就很感兴趣，而且可能是公司外派听课并且回去需要与大家分享内容的。在这种情况下，好记性不如烂笔头，一定要以记为主，包括讲师讲到的案例分析、小游戏和互动以及学员的回答等。

5. 注重与其他学员的交流。行业培训，去的都是业内人士，除了向讲师学习之外，也要充分利用课余时间和其他学员交流取经。一方面交流工作的经验教训，另一方面也可在以后加强具体业务的合作，一举两得，何乐不为？要把每一次的培训，当成人脉积累的宝贵机会。

6. 课后认真回顾。一般来讲，课程结束后，讲师在现场逗留一段时间，会有学员上来问问题或者签名、合影留念。这段时间是与讲师沟通和问问题的最好时间，一方面自己问，另一方面还可以听到其他学员问，可以说，是一个分享的时间。很多人都说，对他自己而言，这一小段时间可能比整个课程还有效果。离开现场后，按照一般人的习惯，要么把讲义往单位或家里一扔，要么和朋友大侃特侃一通，过个一两天又好像没这回事似的。再好的课程，纵然对你感动再大，如果没有后续的复习，都是几乎没有效果的。当然，由此也产生了"那些老师讲得不错，不过不切实际、没有用"这样的论调。是培训没有用吗？一般来说不是，应该说是你根本没有用它。很多人都知道那句话：你自己觉得懂了，未必是真的懂了；但是如果你能把你学的东西讲给别人听，让别人懂了，那你才是真正的学懂了！这句话看起来很简单，但的确也是最难做到的。因为想做到这一点，主要靠的不是能力，而是态度。没有好的态度，再高的能力也没有用。态度决定一切。培训课程可以培养和教导你的态度，同样，好的态度也能让你更好地学习培训课程。

培训不在于次数的多少，不在于讲师的名气有多大，而在于你能否正确地看待、理解培训，在于你能否全情投入。在培训结束之后结合自己的实际工作情况加以总结反思，融会贯通，做到学以致用，这才是培训的终极目标。

买卖知识的问答

1. 什么是二手房?

二手房是相对于开发商手里的商品房而言的,它是房地产产权交易二级市场的俗称。凡产权明晰、经过一手买卖之后再行上市的房屋均可称之为二手房。其中包括已购公房和经济适用房。包括商品房、允许上市交易的二手公房(房改房)、解困房、拆迁房、自建房、经济适用房、限价房。

2. 二手房有哪些优势?

现房交易,地段较好,配套设施完善,产权权属清晰,选择面更广,价格多元化,入住后干扰少,居住成本低,购房风险小。

3. 哪些人适合买二手房?

(1)首次置业者。这是购买二手房的主力军,一些白领阶层和刚毕业不久的年轻人也适宜购买二手房作为过渡,等实力雄厚以后再购买新商品房。(2)一些投资者手头资金不是很多,由于二手房总价不是很高,地理位置较好,易于出租,所以适合投资。(3)一些拆迁居民,由于长期在市区居住,对市区比较有感情,并且资金也不是很富裕,所以往往拿拆迁补偿款购买二手房。(4)一些长期无房的普通居民和一些外地人,经济实力不是很强,但有一定的积蓄,因此贷款购买二手房。(5)有一定经济实力的租房户。大家都知道租房户每月都需支付一定的房租,如果他有一定的经济实力,他完全可以贷款买二手房,以租金来支付月供款。（6）特殊需求者。急于结婚用或者方便子女上学者或者给老人养老等，也可以就近购买二手房，作为一段时期的过渡。

4. 哪些房屋不能买卖？

无房屋所有权证；房屋所有权有纠纷，房屋产权有纠纷或者房屋产权不明晰；共有房屋未经其他共有人书面同意的；违法或违章建筑；著名建筑物或文物古迹等限制流通的房屋；由于国家建设需要，已确定为拆迁范围的房屋，禁止买卖；法律、行政法规规定禁止买卖的其他情形。

5. 二手房产权状况怎样查询？

要了解房屋的产权状况，购房人第一步要做的是要求卖方提供合法的证件，包括产权证书、身份证件、资格证件以及其他证件。第二步是向有关房产管理部门查验所购房产产权的来源。查验产权记录包括：（1）房主是谁，假如为共有财产，则应注意各共有人的产权比例及拥有权形式；（2）档案文号，即该宗交易的文件编号，假如查询者希望获得整份文件，可依此编号向有关方面取阅该份文件副本；（3）登记日期，此日期为该项交易的签订日期；（4）成交价格，即该项交易的成交价，查询者应注意如果成交价注明"部分成交价"，则代表该成交价不只包括该房屋，还包括其他房地产成品；（5）其他内容，如房屋平面图等。第三步是查验房屋有无债务负担。

6. 房产证与不动产证有何区别？

自《不动产登记暂行条例》实施以来，目前已有北京、广州、深圳、杭州、厦门、青岛等多个城市启动了不动产登记制度。房产证等证陆续下岗，不动产证上场。

以往多个行政机关负责对不同的不动产加以管理，由此形成了分散登记的现象。分散登记不仅影响信息的全面公开，而且很容易诱发欺诈行为，影响交易安全。而实行不动产登记后，可以建立统一的不动产登记信息管理基础平台，为全国统一的不动产交易市场的形成构建明晰的产权基础；实现国家、省、市、县四级登记信息的实时共享，相关部门之间信息互通共享，减少不动产登记申请人重复提交信息。

其实除了《房产证》，还有《国有土地使用证》、《房地产权证》、《他项权证》、《林权证》、《海域使用证》等证书以后都不再颁发，将统一颁发《不动产权证书》和《不动产登记证明》；《不动产权证书》多了镭射区，并增加了不动产单元号，这是全国范围内不动产唯一的"身份证号码"，增加了使用期限、取得价格和分摊建筑面积，信息更加透明化。

集体土地所有权；房屋等建筑物、构筑物所有权；森林、林木所有权；耕地、林地、草地等土地承包经营权；建筑用地使用权；宅基地使用权；海域使用权；地役权；抵押权；法律规定需要登记的其他不动产权利。

按照国家"不变不换"的原则，现有各类不动产权证书继续有效，权利不变动，证书不更换。也就是说，旧证、新证同时都具有法律效力。

但新购房屋等不动产并首次办理产权证，申请办理产权变更登记、转移登记等手续的市民，将逐步换发新的不动产证。农村土地承包经营权登记按照国家规定予以5年过渡期。

7. 买二手房时如何看环境？

看周边环境，必须以自己选择的房子为中心地，看"衣食住行"及"开门七件事"的配套究竟如何。还得看附近有没有公园、银行、医院。有老人的家庭最好离医院近一点，有孩子的应关心托儿所、幼儿园、小学、中学等。当然，选房不可能十全十美，应根据每个购房者的需求来选。在考虑周边环境时，我们应做"加法"，多想一点，更仔细一点；而在选择主要项目时，要做"减法"，突出自己最需要的，其他的可相应淡化一些。

8. 如何看房屋结构？

客厅要具有独立性和较高的空间使用效率。客厅的采光和通风最为重要，得不到充足采光的客厅最好不予考虑。如果客厅内开门太多，完整墙面少，由于通行路线交叉穿越，既不利于厅内家具的布置和使用，也影响休息区的私密性和安静，因此厅内连续使用的墙面长度最好在 4 米以上。

选择厨房首先要考虑自己的烹饪、餐饮习惯。在空间布局方面，开放式厨房有着很好的空间效果，但对于我国的传统烹饪方式其排油烟功能就有所欠缺。在面积标准方面，厨房是集储藏、备餐、烹调、配餐、清洗等功能于一体的综合服务空间，必备的设备需要足够的面积。

卫生间要满足洗面化妆、淋浴和便溺，而且最好能有所分离。单卫的户型应该注意和各个卧室尤其是主卧的联系；双卫或多卫时，公用卫生间应设在公共使用方便的位置，但入口不宜对着入户门和起居室。带浴缸的卫生间净宽度不应小于 1.6 米，淋浴的净宽度不宜小于 1.2 米。

卧室不应太小且具有私密性。一般来说，主卧室的面宽不应小于 3.6 米，面积在 14～17 平方米；次卧的面宽不应小于 3 米，面积在 10～13 平方米。其次，应注意卧室的私密性，与起居室之间最好能有空间过渡，直接朝向起居室的开门也应避免通视。

辅助空间也需要特别重视。辅助空间包括阳台、储藏间等。这部分面积虽小，但在日常生活中却非常重要。

9. 如何看房屋的市政设施？

自来水：打开水龙头看看自来水的压力大小和质量。

有线宽带：了解一下有线和宽带的开通情况，打开电视看看能收多少个台，网速如何。

煤气（天然气）：是管道煤气还是自己要扛煤气罐，大概的费用是多少，管道煤气的供应是否充足。

暖气：是什么性质的供暖，是集中供暖还是小区供暖，还是自己烧土暖气，暖气片有多少，是不是够用，温度怎么样，暖气费怎么缴纳等等这些问题要弄明白。

另外，要看看电容量的大小和电线的新旧程度。老化的电线容易引起火灾，了解一下该房屋的电容量是否能满足正常的生活要求。

10. 如何看房屋的装修？

看装修是否影响采光。居室内要尽量加大采光量，用人工光源补光是代替不了阳光的，要多留意是否在装修中用毛玻璃等对光线进行了遮挡。

看通风是否通畅。为保证空气流通，设计中应尽量保证通路畅达，少做不必要的隔断。必要的隔断，看看是否考虑了通风的因素。

看隔声效果如何。装修应保证活动区和休息区互不影响。

看环保。环保除了用材的环保外，还应考虑噪声污染和视觉污染，看是否使用吸声材料，如墙面做纹路处理等。对视觉污染的防止，例如用色不要对比过大。

看设计是否简约清淡。新颖舒适、温馨简洁几乎是绝大多数消费者的心理需求。舒适体现的是设计上的功能需求，温馨体现的是居室色彩的合理搭配，简洁是指造型及造型之间的搭配，而新颖则是消费者对崭新生活方式的一种渴求。在装修设计上，不需要特别繁琐。

另外，要看看房子的装修程度如何。顶棚是否有裂缝、渗水的痕迹，墙壁是否有脱皮等问题。

11. 好户型的标准是什么？

（1）主卧室要求舒适，面积也应相对较大。要求进深较宽，面积不应小于14平方米，16平方米较为合适。

（2）起居厅和主卧应相对独立，避免互相干扰。这种户型往往会多一条内廊，有人认为这条内廊浪费了面积。其实厅卧相连的户型虽然没有内廊，但厅内诸多房门附近不好利用，而且卧室受干扰大，动静不分。比较而言，厅卧分开，卧室私密性得到保证，厅卧功能互不干扰，能更好地满足住户的各种需求。

（3）厨卫的配置是否科学合理，能否体现洁污分区的原则。要注意管道的走向安排是否合理，注意房内有无公共管道，如消防管道、上下水公共排管等。最好选择集中管道外移、各种管道不穿楼板的住房。

（4）门窗密闭效果良好，上下楼板及相邻的分户墙隔声好，无漏水等施工质量问题。

12. 哪些户型是不可取的？

（1）客厅左右都有通往卧室的门，这样的客厅毫无独立性可言，家人出入卧室都须经过客厅，如果有客人在谈话，实在是不方便。

（2）厨房布局无流程考虑，厨房的水龙头与切菜案台不在同一侧，没有并联，这样把洗完的菜拿到案板上很不方便，水淋得满地都是，有的碎菜还掉到地板上。

（3）卫生间居中，不利于浊气散发。厕所居于住宅中部，厨厕相连，不能对外开窗，致使厕所门和排气窗经过厨房等弊病，污染了厨房卫生。

（4）卧室无私密性。客人去客厅，首先需要经过卧室的门才能到达，这样就使卧室无私密性可言；另外，如果卧室距离邻居的窗户太近，岂不是在别人的监视或监听下生活。

13. 如何看物业管理水平？

高水平的物业管理主要从以下几个方面进行检验：服务态度是否热情、服务设施是否完善、服务技能是否娴熟、服务项目是否齐全、服务方式是否灵活、服务程序是否规范、服务收费是否合理、服务制度是否健全、服务效率是否快捷。

14. 如何对二手房质量进行检验？

（1）门：大门、房门的门插、门锁是否入长、太紧；门插是否插入得太少；门间隙是否太大；门四边是否紧贴门框；门开关时有无特别的声音。

（2）窗：窗台下面有无水渍、爆裂、撞凹现象；行走时是否吱吱作响；地板间隙是否太大；柚木地板有无大片黑色水渍；地脚线接口是否妥当，有无松动。

（3）顶棚：顶棚有无水渍、裂痕；特别留意厕所顶棚有无油漆脱落或长霉菌。

（4）墙身：墙身、顶棚楼板有无特别倾斜、弯曲、起浪、隆起或凹陷的地方；墙身顶棚有无部分隆起，用木棒敲一敲有无空声；墙身、墙角接位有无水渍、裂痕。

（5）厨厕：厨、浴用具有无裂痕；裂痕有时细如毛发，要仔细观察。坐厕下水是否通畅；冲水声音是否正常；冲厕水箱是否漏水；厨房瓷砖有无松动、脱落及凹凸不平；砖缝有无渗水现象；浴缸、面盆与墙或柜的接口处防水是否妥当；厨具、瓷砖及下水管上有无黏水泥没有清洗干净；水龙头安装是否妥当；下水是否通畅；厨房、浴厕地台下水是否快速顺畅；橱柜柜身有无变形；门是否能顺利开合。

（6）其他：衣柜门是否牢固；试试全部的开关、插座及总电闸有无问题；检查煤气、热水器开关是否妥当。

15. 哪些因素影响二手房价格？

（1）一般因素。即随时随地都在起作用的因素，它的作用虽不明确，却是基础性的。这样的因素随处可见。例如：大城市人口多密度大，小城市人口少密度小，同样的房子大城市肯定更贵；"成功人士"汇集的社区，肯定比工业区的职工社区房价要贵得多；家庭规模不断缩小，能更好地保护个人隐私的户型肯定比公共宿舍式的房子好卖；这些都是与人口相关的社会因素的影响。

此外，心理因素也会影响房价。例如，人们普遍地喜"8"厌"4"，房子沾了"8"字，身价凭空高一截；房子沾了"4"字，就只有受点委屈了。最为典型的莫过于"风水"之说，如果某套房子被风水先生指为不祥，则很难再有清白名声，人人避之不及。再如，卖主此刻正是债主盈门，或者打离婚官司，或者忙于搬迁，此时只恨不能早日脱手，但求不亏而已，房价也较"温柔"。

（2）区域因素。就住宅的区位而言，二手房价格与区位质量的优良程度显然密切相关。考察区位质量，建议应从以下方面着手：

①气候条件。阳光是否充足，空气是否清新，是否一年四季都"大风起兮尘飞扬"。

②居民素质如何。它决定了购房者将与哪些人交往，能在何等程度上满足购房者的社交需要。

③街道与交通状况。如晚上是否有路灯，晴天是否一地灰，雨天是否一地泥，交通是否方便等。

④基础设施与公益设施状况如何。如在家附近是否有幼儿园、

学校、医院、银行、邮电局等。

⑤商业网点是否齐全。如购物是否便利。

⑥环境状况。如是否有晨跑、散步或者遛狗的空间。

⑦住宅布局是否合理。如楼与楼之间的距离是否宽阔，不要因为狭窄而相互妨碍等。

（3）个别因素。影响二手房房价的个别因素可以从如下方面考察：二手房的结构，是钢筋混凝土或混合结构，还是砖木结构？结构不同，造价就不同；使用年限不同，价格自然也不会相同。二手房的式样、设备、质量、装修等无需多言。需要强调的是，所谓质量至少应包括三个层面：设计质量、建筑质量、原房主的使用质量。对于二手房而言，使用质量直接关系到成色、保养等问题。

16. 如何粗略估计二手房的价格？

目前住宅房屋评估主要采用市场比较法，就是将估价对象与近期有过交易的类似房地产进行比较，对这些类似房地产的成交价格做适当的修正，以此估算估价对象的客观合理价格或价值。

选择交易实例时，至少要选择3套以上与被评估房屋在结构、区位、设施等方面相似的房屋。二手房的交易价格，可以通过报刊、网络、房屋中介、交易当事人等调查了解，掌握真实交易价格，然后与被评估房屋进行比较修正，修正因素包括如户型、面积、楼层、朝向、年限以及周边环境、配套等。

（1）折旧。房屋建成之后就进入折旧期，按照理论的数据，每年的折旧率为2%。一般的住宅，10年之内的房子总折旧率不要超过6%，20年之内的房子总折旧率不要超过15%。就目前来说，1998年以后的房子，基本上不谈折旧率。

（2）户型因素。由于老房子的户型和功能都相对陈旧，与新建的商品房有较大差异，所以如果房子的户型为"三小"套型（小厅、小卫、小厨房），则减10%。

（3）楼层。一般来说，一层、四层为基准价，二层、三层加3%，从五层开始减3%，如果是顶层，再减5%。

（4）朝向。如果房子是非正向楼，没有朝南的窗户，朝着东西方向则减5%。

（5）小区环境。如果没有物业，则减5%；周围有重点学校、大型商场，交通便利，则加10%～20%。

（6）心理因素。济南人都有"住南不住北，住东不住西"的传统观念，另外，人们总感觉二手房是"旧"的，所以心理上也有顾虑。如此，再减5%。

以上只是二手房估价时涉及的主要因素，这样计算出来的价格只是粗略的价格，要想获取准确的房价，还需要咨询相应的评估公司进行专业、科学的评估。

17.二手房买卖合同应包括哪些条款？

（1）当事人的名称或姓名、住所。这里主要是搞清当事人的具体情况、地址、联系办法等。

（2）标的。本合同的标的，就是双方欲进行买卖的二手房，这是本合同的关键，一定要明确约定。这里应写明房屋位置、性质、面积、结构、格局、装修、设施设备等情况，同时还要写明房屋产权归属等。

（3）价款。这是很重要的内容，主要写明总价款、付款方式、付款条件，如何申请按揭贷款、定金、尾款等。

（4）履行期限、地点、方式。这里主要写明交房时间、条件、办理相关手续的过程等。

（5）违约责任。这里主要说明哪些系违约情形，如何承担违约责任，违约金、定金、赔偿金的计算与给付等。

（6）解决争议的方式。这里主要约定解决争议采用仲裁方式还是诉讼方式，需要注意的是，如果双方同意采用仲裁的形式解决纠纷，应按照我国《仲裁法》的规定写清明确的条款。

（7）合同生效条款。双方在此约定合同生效时间，生效或失效条件等。

（8）合同中止、终止或解除条款。按照《合同法》第六十八条、第九十一条、第九十四条之规定，合同当事人可以中止、终止或解除房屋买卖合同。有必要在此明确约定合同中止、终止或解除的条件等。

（9）合同的变更与转让。在此约定合同的变更与转让的条件或不能进行变更、转让的禁止条款。

（10）说明合同的附件以及附件的效力。

18. 二手房交房时需要办理哪些手续？

结清水表账单，告知电表状况，协助煤气过户，协助有线电视过户，结清电话、宽带费用，结算维修资金，物业更名及结算物业管理费用。

19. 什么是居间合同？

居间合同是居间人向委托人报告订立合同的机会或者提供订立合同的媒介服务，委托人支付报酬的合同。居间合同中的居间人不是委托人的代理人，而是居于交易双方当事人之间起介绍、协助作用的中间人。代理人在委托人授权的前提下，以委托人的名义与第三人订立合同，委托事务完成后，根据合同中有偿或无偿的约定，决定是否向代理人支付报酬。居间行为的目的就是为了促成他人之间的交易，并获取报酬。所以居间合同的一个典型特征就是有偿性。

例如，市民张先生通过 A 中介出售自己的房屋，而市民于女士则在 A 中介登记寻找房源，通过 A 中介的斡旋、说合，最终于女士购买了张先生的房屋。在这个交易过程中，张先生和于女士都是委托人，A 中介就是居间人。

居间人与委托代理人的区别在于：委托代理人有缔结合同的代理权，可以代委托人订立合同；而居间人无代理权，不得代委托人订立合同。

20. 哪些房屋买卖合同是无效的？

（1）房产、地产分别转让，合同无效。

（2）未办理登记过户手续，合同无效。

（3）产权主体有问题，合同无效。

（4）侵犯优先购买权，合同无效。

（5）单位违反规定购房，合同无效。

（6）买卖中存在欺诈行为，显失公平，合同无效。

（7）非法转让，合同无效。根据《城市房地产管理法》的规定，下列房地产不得转让：以出让方式取得土地使用权的，不符合转让房地产条件的；司法机关和行政机关依法裁定、决定查封或者以其他形式限制房地产权利的；依法收回土地使用权的；共有房产未经共有人书面同意的；权属有争议的；未依法登记领取权属证书的；法律、行政法规规定禁止转让的其他情形。

21. 二手房维修基金由谁来交？

维修基金主要用于小区住宅公用部位维修维护，每个业主必须交纳。原则上前一个产权人已经交付的维修基金和物业管理费已交未用部分，应当退还前一产权人（出售人）；后一产权人（买受人）应当另行向物业管理部门交付维修基金和入住后的物业管理费。

交易中,有的出售人和买受人也对这部分费用的承担进行具体约定,像有的房屋业主将其无偿顺延给买主,那么新房主便不用交纳此项费用;也有的买卖双方共同承担这笔费用。无论哪种形式,买卖双方在办理产权过户手续时,必须先办妥维修基金,否则主管部门会在产权办理上进行限制。

22. 房屋产权年限到期之后怎么办?

《城市房地产管理法》第21条规定:"土地使用权出让合同约定的使用年限至届满,土地使用者需要继续使用的,应当至迟于届满前一年申请续期,除根据社会公共利益需要收回该幅土地的,都应当予以批准。续期的应重新签订土地使用权出让合同,依照规定支付土地使用权出让金。"可以从以下几个方面进行认识:首先,土地使用年限至届满时,国家根据社会公共利益的需要,有权收回土地的使用权。其次,如果国家对该土地没有特别的规划,原土地使用者可优先取得继续使用该土地的权利。但必须在届满一年前提出续期申请,并依照规定支付土地使用权出让金。最后,即使国家根据需要收回土地的使用权,原产权人仍然享有房产部分的所有权。以后的土地使用者应该根据房产的具体情况对原使用者进行适当的补偿。

23. 未成年人能否成为房屋产权人?

未成年人可以作为产权人购买商品房,但其购房程序与成年人购房程序有所不同。我国《民法通则》明确规定,10周岁以上、18周岁以下的未成年人是限制民事行为能力人,可以进行与其年龄、智力相适应的民事活动。其他民事活动由他的法定代理人代理,或者征得他的法定代理人同意。未成年人可以作为产权人购买商品房,但是其法定代理人应代理未成年人办理购房整个过程的手续。在未成年人未满18周岁之前，他不能单独处置该商品房，例如房屋转让、出租、抵押等。若欲进行上述活动，应在征得其法定代理人同意后，由其法定代理人代理行使。当未成年人年满18周岁后，则可以单独行使产权人对于房屋的相关权利。

24. 房产证署名对应权益有何不同？

产权证登记在"准夫妻"名下：这种情况，房屋被认定是夫妻的共有财产，贷款也被认定是夫妻的共同债务。如无"借条"等其他证据，父母的首付款被认定为赠予夫妻两人，归双方共有，若出现离婚的情况，父母也无权索回出资的钱款。但如果购房后，"准夫妻"并没有进行婚姻登记，而是分手的话，虽然"准婚房"还是被认定为双方的共有财产，贷款也被认定为双方的共同债务，但对于父母的出资，如果有相应的证据显示，父母出资是基于"准夫妻"双方结婚的目的，法院也会认定这部分出资是一种附条件的赠与，而条件就是双方结婚，如果双方没有结婚，父母有权索回出资的钱款，外地法院出现过这样的判例。

产权证登记在父母名下：此种情况房屋被认定是父母的财产，贷款也被认定为父母的债务，相应的增值或贬值也由父母享有或承担。但如果结婚后，夫妻双方用婚后的收入还贷的，双方离婚，一方虽无法主张房屋的所有权，但对于已支付的贷款本息可主张为向父母的借贷，要求父母返还并平均分割。

产权证登记在"男方和父母"名下：若采用这种方案，房屋被认定是男方和父母的共有财产，贷款也被认定为男方和父母的共有债务，相应的增值或贬值也由男方和父母享有或承担。而男方的相应产权份额属于婚前个人财产，根据新《婚姻法》，并不因结婚而产生共有的结果。但如果结婚后，夫妻双方用婚后的收入还贷的，双方离婚，女方虽无法主张房屋的所有权，但对于已支付的贷款本息可主张为夫妻共同财产，要求男方和父母返还并平均分割。产权证登记在"女方和父母"名下的也是这样。

产权证登记在"父母和准夫妻"名下：若采用这种方案，房屋被认定是准夫妻和父母的共有财产，贷款也被认定为四人的共有债务，相应的增值或贬值也由四人共同享有或承担。如果结婚后，仅用夫妻双方的婚后收入还贷的，双方离婚，对于已支付的贷款本息可主张为夫妻共同财产，父母无权享有该部分的权利。

产权证只登记在"男方"或"女方"名下：这种情况需要从两个角度进行分析：（1）一方或一方的父母出资，仅仅登记在该方子女的名下，根据新《婚姻法》的规定，这属于该方子女的婚前个人财产，结婚后也不会自动转化为夫妻共同财产，若出现离婚，该房产仍属于原产权人。（2）一方或一方的父母出资，但登记在未出资的另一方名下，法院通常认定为是一种附条件的赠与行为。如果双方未结婚，该房屋属于产权证上所载一方的名下，但对方可以要求返还已支付的款项；如果双方结婚，则属于产权证下该方的个人财产。

对于以上种种产权登记的方案，并不存在正确与错误的问题，只是不同的方案必将导致不同的法律后果。不过，准婚房的产权登记在谁的名下，除了法律因素、感情因素，还因父母的介入变得异常复杂，因此，当事人除了充分了解各种方案的法律后果外，还应妥善处理各种关系，保存好各种凭证，尽量避免日后产生纠纷和矛盾。

25. 什么是房屋产权共有关系？

房屋产权共有，是指两个或两个以上的自然人或法人对同一房产所享有的所有权。因其有同一房产而产生的各个共有人之间的权利和义务关系，称之为房产共有关系。

26. 房产共有与房产公有是否是一回事?

房产共有与房产公有是两个不同的概念。房产共有是两个或两个以上的共有人依照法律的规定或约定享有所有权,他们是共有房产的共同所有人。而房产公有则不同,即公有房产的主体是单一的。在我国,国有房产或集体所有的房产都是社会主义的公有财产,只能归国家或集体所有,任何自然人都不能成为公有房产的主体,也不能享有所有权。

27. 房产共有关系有哪几种形式?

房产共有关系可以分为按份共有关系和共同共有关系。按份共有关系是指两个或两个以上房产权利人对同一房产按照份额享有权利和义务的关系,它可以发生在自然人之间、法人之间,也可以发生在自然人与法人之间;如个人具有部分产权的房改房,就属于自然人(职工)与法人(原产权单位)之间的按份共有关系。房产共同共有关系是指两个或两个以上的房产权利人对同一房产享有平等权利的关系;是不确定份额的共有,只有在对共有房产进行分割时,才能确定各个共有人应得的份额。

28. 房屋权属登记分为哪六种?

总登记、初始登记、转移登记、变更登记、他项权利登记、注销登记。

29. 具有法律效力的房屋权属证书有哪几种?

房屋权属证书包括《房屋所有权证》、《房屋共有权证》、《房屋他项权证》或者《房地产权证》、《房地产共有权证》、《房地产他项权证》。

30. 房屋法定继承的顺序是怎样的?

第一顺序:配偶、子女、父母;第二顺序:兄弟姐妹、祖父母、外祖父母。

31. 房屋地名变化后，房产证是否有效？

仍然有效。因为房产管理部门对于房屋产权的管理，不仅仅是对单一的地名坐落管理，还包括对房屋的权属、地号、状况和产籍的管理。一套房屋可能会产生前后几个地名，但其地号是唯一的。也就是说，产权人可以放心，房产证不会因为地名变更而丧失其有效性。

32. 不能办理房产证的原因有哪些？

对于购房者而言，不能办理房屋产权证的主要原因有：

（1）购房者没有缴纳相关税费。

（2）没有提供房屋登记发证机关所要求的相关资料及身份证明。

（3）委托他人办理房产证但没有出具授权委托书等。

33. 按建筑结构分类，住宅有哪些类型？

（1）砖混住宅：砖混结构是以小部分钢筋混凝土及大部分砖墙承重的结构。砖混结构住宅中的"砖"，指的是一种统一尺寸的建筑材料。也有其他尺寸的异型黏土砖，如空心砖等。"混"指的是由钢筋、水泥、砂石、水按一定比例配制的钢筋混凝土配件，包括楼板、过梁、楼梯、阳台、挑檐，这些配件与砖作的承重墙相结合，可以称为砖混结构式住宅。由于抗震的要求，砖混住宅一般在5~6层以下。

（2）框架结构住宅：框架结构住宅，是指以钢筋混凝土浇捣成承重梁柱，再用预制的加气混凝土、膨胀珍珠岩、浮石、蛭石、陶粒等轻质板材隔墙分户装配而成的住宅。适合大规模工业化施工，效率较高，工程质量较好。

（3）钢混结构住宅：这类住宅的结构材料是钢筋混凝土，即钢筋、水泥、粗细骨料（碎石）、水等的混合体。这种结构的住宅具有抗震性能好、整体性强、抗腐蚀能力强、经久耐用等优点，并且房间的开间、进深相对较大，空间分割较自由。目前，多、高层住宅多采用这种结构。其缺点是工艺比较复杂，建筑造价较高。

（4）跃层式住宅：这类住宅的特点是，内部空间借鉴了欧美小二楼独院住宅的设计手法，住宅占有上下两层楼面，卧室、起居室、客厅、卫生间、厨房及其他辅助用房可以分层布置，上下层之间的交通不通过公共楼梯而采用户内独用小楼梯连接。跃层式住宅的优点是每户都有二层或二层合一的采光面，即使朝向不好，也可通过增大采光面积弥补，通风较好，户内居住面积和辅助面积较大，布局紧凑，功能明确，相互干扰较小。不足之处是安全出口相对狭小。

（5）复式住宅：复式住宅是受跃层式住宅启发而创造设计的一种经济型住宅。这类住宅在建造上仍每户占有上下两层，实际是在层高较高的一层楼中增建一个1.2米的夹层，两层合计的层高要大大低于跃层式住宅（复式为3.3米，而一般跃层为5.6米），复式住宅的下层供起居、炊事、进餐、洗浴等之用，上层供休息睡眠和贮藏用，户内设多处入墙式壁柜和楼梯，中间楼板也就是上层的地板。因此复式住宅具备了省地、省工、省料又实用的特点，特别适合于三代、四代同堂的大家庭居住，既满足了隔代人的相对独立，又达到了相互照应的目的。

租赁知识的问答

1. 哪些人群适合于租房?

初入职场的年轻人、收入不稳定的购房者、资金实力不够雄厚者、不急需买房者、工作流动性较大人群。

2. 与买房相比,租房有哪些好处?

首先,占用资金少,交易额很小,而买房需要大额的资金,需要足额的现金支付;其次,租赁更灵活,可以随着自己工作等状况的改变随时选择,在什么地方租,租多长时间,租什么档次的房子……都可以灵活选择,而买房后就不会这么自在了;再次,租房子不容易受束缚,如果没有确定在哪个城市发展,最好不要买房;最后,租赁的风险较小,因为租金就那么多,大不了"交交学费",下次注意,但如果买房一旦失误损失就非常大。

买房和租房是两种不同的选择方式,应该结合自身的实际因素,如父母的经济支持能力、自身的工作收入、对未来房价的走势判断等。如果家庭经济条件不允许,不妨先租房,待有一定积蓄后再购房,尽量减少银行贷款成数。

3. 找中介租房有哪些优势?

新租客租赁常识淡薄,中介帮助规避风险。租房人面对如此之多的租房种类和诸多租房条件,怎样才能找到自己理想的居所显得尤为重要。此前,人们通过同事、朋友介绍找房源。如今,随着城市人口的逐步增加,这种"原始"的方式已经不能有效地满足人们的需求。尤其是许多新增的外来人员,他们既不熟悉城市环境,又无朋友关系。

大型、正规的中介公司拥有充足的房源信息体系。对于急于租房,特别是刚刚来济南的外地朋友来说,能够及时地找到安身之所是工作与发展的先决条件。而中介公司恰恰解决了租房者时间的紧迫和陌生环境的束缚,能够帮助他们在最短时间内找到合适的房源。

通过正规中介公司租房能够保障人身、财产安全。在个人租房过程中存在着房屋质量、安全等诸多问题,新租房者由于不了解租赁流程而忽略细节问题。通过正规的中介公司办理时,租赁双方要求签署详细的租赁合同,对可能出现的问题提前预防,规避客户在租房过程中的风险。

对于那些刚毕业参加工作的年轻人,由于独自生活压力较大、资金不够充裕等原因,会选择与别人合租。社会阅历不够丰富的他们不能很好地辨别合租对象的好坏,通过中介代理租房可以避免危险。因为,中介公司都是严格按照国家规定的租赁管理办法对承租人进行相应审查的,为合租解决了后顾之忧。

4. 哪些房子不能出租?

以下七种情况不允许出租:无房屋所有权证的,房屋所有权有纠纷的,共有房屋未经其他共有人书面同意的,因城市建设批准拆迁的,经鉴定房屋有危险的,原租赁合同尚未解除的,法律、行政法规规定禁止的其他情形。

5. 租房如何选择周边环境?

以下两大环境中的细节问题在租房时,需要仔细考虑。

(1)自然环境

空气:选择房屋时,周边地区的空气最好能好一些,尤其要避开有污浊空气的地段。水：在租房时最好问清楚了，周边最好不要有污染的水体，如臭水沟、河流、湖泊等。

（2）人文环境

这里指的主要是周边的生活配套设施，在租房时，很多人并不是很关注这一点。其实，生活配套设施的齐全，在很大程度上讲，可以保证你的生活品质。

①教育设施：托儿所、幼儿园、小学、中学。

②医疗卫生设施：卫生站、居住区门诊、医院等。

③文化体育设施：综合文化活动中心、门球场、体育场。

④商业服务、金融邮电设施：综合食品商场、综合百货商场、综合服务楼、集贸市场、书店、中药店、综合便民店、综合粮油店、储蓄所、银行分理处、邮局、电话局等。

⑤社区服务设施：一般来讲，你需要的有社区服务中心、综合服务部、存车处、停车场等。

⑥安全设施：房子周围的社会治安要好，小区最好能够有24小时保安，如果你是个女孩子的话，这一点尤其重要，在回家的路上，最好不要有长距离无路灯的偏僻地带，否则，万一晚上加班到深夜，那种提心吊胆的感觉会让你终生难忘。楼道里的灯也最好是声控的，晚上门外有人敲门时，在门里也能清楚地观察情况。另外，最好远离外来人口聚居区、城乡接合部等地带。

⑦市政公用：由于是租的房子，所以你主要关心的应该是公交首末站、市政站点、公共停车场、加油站等的方便程度。

6. 租赁合同应当具备哪些条款？

房屋租赁，当事人应当签订书面租赁合同，租赁合同应当具备以下条款：

（1）双方当事人姓名或者名称及住所。

（2）出租房屋的具体位置和特点。合同应注明房屋坐落的具体地点、门牌号、楼层、房屋结构、房屋装饰及附属设备，房屋的幢数、间数和总面积等。

（3）租赁用途。房屋的用途关系到城镇开发规划、房屋出租的期限和租金等问题，故房屋租赁合同应予以明确。

（4）租赁期限。房屋租赁应当是有期限的，而不应是无期限的，租赁期限包括了租期和房屋交付期限，期限应写明从某年某月某日到某年某月某日。

（5）租金及交付方式。租金不仅应写明具体数额，还应注明租金交付的方式，是按月还是按季或按年交付。

（6）房屋修缮责任。合同中应尽可能明确房屋修缮与保养的项目、方式及费用的承担。合同没有规定的，应按照"谁出租谁负责"的原则，由出租方负责房屋的维修、保养，但如果因承租人的过错造成房屋及其附属设施损坏的，由承租人负责修复或赔偿。

（7）转租的约定。房屋租赁合同中应约定是否允许承租人转租，如合同中没有相应的规定，将适用法律法规关于转租的规定。

（8）变更和解除合同的条件。

（9）违约责任。

（10）当事人约定的其他条款。

（11）争议的解决方式。

（12）合同的生效。

房屋租赁合同中的这些条款，明确了双方的权利和义务关系，保障了双方当事人的利益。在实践中，必须在双方平等协商的基础上，具体载明以上内容，没有这些主要条款，合同就难以履行。

7. 承租人可以把房子再转租或分租给他人吗？

转租房屋是指房屋承租人将其承租的房屋再出租给他人居住

使用，并从中牟利的行为；而分租是转租的一种，是指房屋承租人将其所承租房屋的一部分再出租给他人居住使用。根据有关规定，承租人在租赁期间确实需要将承租的全部或部分转租给他人的，必须征得出租人同意。转租的终止日期不得超过原租赁合同规定的终止日期。转租生效后，转租人就享有并承担转租合同中出租人的权利和义务，并且应履行原租赁合同规定的承租人的义务。此外，应当注意的是，转租的效力取决于原租赁合同。

8. 承租人有哪些权利？

（1）在租赁合同的约定期限内取得房屋使用权。在此期间，即使房屋所有权转让，承租人仍然享有这一权利。承租住宅用房的承租人，如果在租赁期限内死亡，其共同居住2年以上的家庭成员可以继续承租。

（2）承租人有要求保障房屋住用安全的权利。当出现由于出租人未能及时检查和修缮而造成承租人财产损失或人身伤害的情况时，承租人有进行索赔的权利。

（3）经出租人同意，可以将承租房屋的全部或者部分转租给他人。转租时的租金可以高出原承租的租金，转租人可以从中获得经济利益。

（4）承租人有转租和优先购买租赁房屋的权利。承租人在租赁期限内，征得出租人同意，可以将承租房屋的部分或全部转租给他人。

（5）在租赁期限内，承租的住宅用房因国家建设需要拆迁，承租人有获得安置的权利。

（6）出租人违反租金标准的，承租人有权拒绝支付超过标准部分的租金。

（7）出租人拒不交付房屋，向承租人索要额外费用，干扰或妨碍承租人正常、合理地使用房屋、不承担维修责任导致房屋出现危险的,承租人有权拒付部分或全部租金,并可以解除合同。

9.承租人有哪些义务?

(1)按期交纳房租,如拖欠租金,应当向出租人支付违约金。

(2)按照房屋的性能合理地使用承租的房屋,不能擅自拆、改房屋及其装修、设备、附属设施,如果确实需要变动的,应当事先征得出租人同意,并就此签订书面合同。因承租人的过错造成房屋损坏的,因负赔偿或修复的责任。

(3)房屋租赁期满,除出租人同意续租房屋以外,承租人应当按照合同约定如期返还房屋。

(4)应当遵守当地人民政府对于出租房屋的管理规定。

10.承租人在什么情况下可以解除合同?

在房屋租赁期间,如果存在以下情况,承租人就可以单方面解除合同:

(1)出租人未按时交付房屋,经承租人催告后在合理期限内仍未交付。

(2)出租人交付的房屋不符合房屋租赁合同的约定,致使承租人不能实现房屋租赁的目的。

(3)出租人已交付的房屋存在缺陷,危及承租人安全或健康的。

(4)出租人不履行检查、维修义务,以致危及承租人安全或健康的。

11.承租人在租赁期内死亡,合同还有效吗?

承租户以一人名义承租私有房屋,在租赁期内,承租人死亡,该户共同居住人要求按原租约履行的,应当准许。承租人死亡,如果该承租人的家人并没有和他共同居住,原租赁合同就失效了。在没有经过出租人同意的情况下,未在一起居住的家人无权擅自搬入出租房屋。

12. 出租人把房屋抵押出去，租赁合同还有效吗？

出租的房屋可以进行出卖或者抵押，抵押行为不影响原合同的效力。在租赁期间内，承租人可以继续住在那里，出租人可以继续收取租金。出租人因不能偿还债务等原因，而将房屋变卖或者拍卖了，承租人可按照原来合同的约定继续住在房子里。

13. 出租人有哪些权利？

（1）收取租金权。出租人可以按照约定向承租人收取租金。承租人无正当理由未支付或者迟延支付租金的，出租人可以要求承租人在合理期限内支付。承租人逾期不支付的，出租人可以解除合同。

（2）对租赁物的转让权。出租人对租赁物享有所有权，有权出卖、赠予租赁物。出租人将租赁物转让给第三人，应当通知承租人。租赁合同对新的所有人和承租人继续有效。租赁物转让后，当事人又解除转让合同的，承租人与原出租人恢复租赁关系。

（3）出租人解除合同的权利。按照约定或者依照法律规定，出租人在特定情况下可以解除合同。承租人未按照约定的方法或者租赁物的性质使用租赁物，致使租赁物受到损失的，出租人可以解除合同并要求赔偿损失。承租人未经出租人同意转租的，出租人可以解除合同。

（4）租赁物的收回权。租赁合同终止时，出租人有权收回租赁物。出租人因过错未受领租赁物的，在租赁物滞留期间，应当承担迟延受领的违约责任。

14. 出租人有哪些义务？

（1）将租赁物交付承租人使用收益的义务。出租人应当按照租赁合同的约定向承租人交付房屋，交付的房屋应当符合租赁合同约定的可使用状态。

（2）除当事人另有约定外，出租人应当履行租赁物的维修义务。出租人应当定期对房屋进行养护和维修，使房屋处于正常的可使用状态，出租人养护和维修房屋时，应当采取措施减少对承租人使用房屋的影响。

（3）出租人出卖租赁房屋的，应当在出卖之前的合理期限内通知承租人，承租人享有在同等条件下优先购买的权利。

（4）出租前房屋已经设定抵押或者房屋的所有权已依法查封、扣押、监管或者以其他形式限制转移的，出租人应当事先书面告知承租人。

15. 出租人在租赁期内死亡，合同还有效吗？

出租人在租赁期限内死亡，其继承人应当继续履行原租赁合同。所以，一般情况下，租赁合同不因出租人的死亡而无效，除非合同另有约定。当出租人的继承人继承房屋时，继承人就自动成为新的产权人，双方应该继续履行合同，出租人的家人无权收回房屋。

16. 房屋租赁必须备案吗？

房屋租赁登记备案，实际上是在保护租赁双方的合法权益，它为双方设立了一道法律保护屏障。对于经营性用房来说，签订、变更、终止房屋租赁合同，出租人和承租人一定要在三十日之内带着相关的证件材料到房屋所在的房产管理部门办理登记备案手续。而住宅用房，暂时可以不办理备案，但为保护双方的利益，最好还是登记备案，否则就可能发生出租人同时将房子租给别人的情况，同样，出租人也面临着承租人非法将房子租给别人的风险。

17. 房屋租赁登记备案的程序是什么？

（1）住宅（不含军产和涉外产）和个人所有的非住宅以及区

属和区属以下单位（企业以工商营业执照颁发部门为准）非住宅的租赁登记备案程序：首先，提出申请，申请人持规定提交的资料到房屋所在区房管局提出申请；其次，审核备案，区房管局进行现场调查并核实后，对符合备案条件的，在备案合同上加盖备案印章；最后，交费领证，申请人或经办人持本人身份证，到区房管局交费后，领取备案证明。

（2）市属和市属以上单位（企业以工商营业执照颁发部门为准）非住宅房屋、军队房产和涉外房产（包括住宅和非住宅）的租赁登记备案程序：首先，提出申请，申请人持规定提交的资料到市房屋产权登记中心提出申请；其次，审核备案，市房屋产权登记中心进行现场调查并核实后，对符合备案条件的，在备案合同上加盖备案印章；最后，交费领证，申请人或经办人持本人身份证，到市房屋产权登记中心交费后，领取备案证明。

18. 房屋租赁登记备案需要提供哪些资料？

房屋租赁当事人应自租赁合同签订之日起三十日内，持下列材料到租赁管理部门申请办理租赁登记备案手续。

（1）房屋租赁当事人为个人的，出具身份证或有效身份证明；房屋租赁当事人为单位的，出具营业执照或法人登记证；

（2）《房屋所有权证》；有共有权人的应提交《房屋共有权证》；

（3）房屋租赁合同；

（4）委托代理的，个人出具公证委托书和受托人身份证或有效身份证明；单位出具委托书和受托人身份证或有效身份证明。

19. 房屋租赁期限应当怎样确定？

房屋租赁期限由租赁当事人协商确定，最高不得超过二十年。房屋租赁期限届满，租赁当事人可以续订租赁合同，但约定的租赁自续订之日起不得超过二十年。租赁期限同时不得超过土地使用权出让合同、土地租赁合同约定的土地使用年限。

20. 房产出租中还能买卖或抵押吗？

房屋的产权人，在房产出租期间，仍然可以出售和抵押。在出租后，可以行使对房产的处理权利。在租赁期间，房屋产权人发生变化或者被抵押人处理，其租赁合同也继续有效，除非租赁合同内有其他约定条款。产权人出售房产时，须在三个月前通知承租人，承租人有一定考虑时间和联系搬迁时间。在三个月内，承租人提出优先购买房产的权利，则出租人不得擅自将房产卖给其他人。出租人不提前三个月通知承租人而与第三人所签订的买卖合同无效。如承租人三个月内未提出优先购买权则视为自动放弃优先购买权，出租人就可任意地出售给其他人。

21. 合同还没到期房东就要卖房，该怎么办？

既然双方早已签订了租房合同，那么两方都应该遵守租房合同中的时间限制，房东应该承担违约责任，即便买卖成交也不能影响租房合同的执行。

房东卖房其实并非不可以，但应该提前三个月通知租客卖房情况，并且租客有优先购买的权利。假如租客不愿意购买或另有第三方出价更高，那房东有权利将房屋卖给第三方。同时根据"买卖不破租赁"原则，尽管房东的房屋所有权已经发生变化，但租客有权根据签订的租房合同，继续作为承租方租用该房屋。

22. 没签书面合同，出租人可随时解除合同吗？

如果租赁期限不到六个月，也可以不采用书面形式，当事人未采用书面形式的，视为不定期租赁，当事人可以随时解除合同。但出租人解除合同应当在合理期限之前通知承租人。

23. 哪些房屋不能转租？

房屋转租，是指承租人在租赁期间将其承租房屋的部分或者全部再出租的行为,包括以联营、承包经营和合作经营等名义,将承租房屋交付他人使用并获得租金性质的保底收益的,均为房屋转租。

有下列情形之一的房屋不得转租:承租人拖欠租金的;承租人在承租房屋内擅自搭建的;预租的商品房。另外,租赁合同中未约定可以转租,且出租人不同意转租的,承租人也不得擅自转租。承租人擅自转租的,出租人可以解除与承租人的租赁合同。

24. 哪些行为可视为房屋租赁(转租)?

除了出租人将房屋出租给承租人使用,由承租人向出租人支付租金的行为,以下5种情况也被视为房屋租赁(转租)。

(1)以房屋使用权作为合作条件,以合作、合资、联营(包括承包经营)等形式成立具有法人资格的企业,该房屋由新设立企业使用,不转移房屋所有权的,视同租赁;

(2)领有《企业法人营业执照》的单位,使用上级单位的房屋从事生产经营活动的,视同租赁;

(3)饭店、宾馆、招待所、商场等营业场所将其客房、柜台、车位或附属建筑物出租给单位或个人用作经营、办公场所的,视同租赁;

(4)房屋所有权人将房屋借给他人使用的,视同租赁;

(5)承租人将所承租的全部或部分房屋的使用权与他人合作、合资、联营(含承包经营)等行为,视同转租。

25. 租赁期满,承租人不搬迁如何处理?

《关于贯彻执行〈中华人民共和国民法通则〉若干问题的意见(试行)》中规定:"未定租期,房主要求收回房屋自住的,一般应当准许。承租人有条件搬迁的,应责令其搬迁;如果承租人搬迁确有困难的,可给一定期限让其找房或者腾让部分房屋。"

个人承租私房用于经营，租期届满，产权人要求收回房屋应予准许。个人承租私房用于居住，租期届满或未定租期，产权人要求收回房屋自用的，一般应予准许，承租人确无房可迁，法院可判决承租人在一定期间内搬迁，届时可由产权人向法院申请执行。义务人拒不履行搬迁义务的，除按月支付租金外，还须支付延迟履行金，延迟履行金按原租金的3~5倍支付。

26. 在什么情况下，出租人可以不负责任？

如果房屋损坏是因为承租人的过错，或者地震等不可抗力的因素造成的，或者双方约定由承租人负责检查、维修房屋的，出租人可以免责。但是，要注意的是，如果该房屋是因为出租人未及时履行检查、维修义务，使得房屋未处于良好使用状态下，发生了不可抗力的事件而致使房屋损坏的，出租人不能免责，并应依过错程度承担一定责任。

如果双方约定由承租人负责检查、维修房屋，但是出租人在出租时，对该房屋的现状有所隐瞒的，如果房屋发生破坏性事故的话，出租人也不能因此完全免责。

27. 转租后获得的额外收益归谁所有？

转租是指承租人不退出原租赁关系，而将租赁物出租给第三人使用并收取租金的行为。《合同法》规定：在租赁期间，因占有、使用租赁物而获得的收益，归承租人所有，但当事人另有约定的除外。依据本条的规定，双方当事人可以协商确定在租赁期间，因占有、使用租赁物而获得收益的归属，如无此约定，则此收益归承租人所有。

28. 租赁双方可以采取什么形式订立租赁合同？

租赁期限不满六个月的租赁合同，既可以采用口头形式也可以采用书面形式。因为租赁期限较短的合同一般来说租赁物的价值不大，经使用后消耗不大，租金较少，证据也不易散失，一旦发生纠纷容易分清责任，所以不要求当事人以书面形式订立合同。租赁期限在六个月以上的租赁合同应当采用书面形式。因为租期长的合同租赁物的价值通常较高，租赁物经使用后消耗较大，租金较多，证据也不易收集，如果当事人以书面形式订立租赁合同，将双方的权利义务约定清楚，在发生纠纷时就有据可查，有利于保护当事人的合法权益。租赁期限在六个月以上的，如果当事人没有采用书面形式订立合同，则视为不定期租赁，当事人可以随时解除合同，但出租人解除合同应当在合理期限之前通知承租人。

贷款知识的问答

1. 买房常见的付款方式有哪些？

一次性付款。一次性付款手续简便，房价折扣较高，但占用大量资金。

分期付款。一般是在付清首期房款后分若干期付款，直至交房后全部付清，有免息付款和低息分期付款两种方式。分期付款方式虽然可以减轻筹资压力及资金风险，但费时费力。

银行按揭贷款。这是市场上使用较多的一种方式，相对来说更为合理。目前我国采用固定利率和浮动利率相结合的方式，个人住房贷款利率实行一年一定，于每年1月1日根据当时的相应档次利率确定本年的利率水平。

2. 什么是二手房按揭贷款？

二手房按揭贷款是指购房人以在住房二级市场上交易的楼宇作抵押，向银行申请贷款，用于支付购房款，再由购房人分期向银行还本付息的贷款业务。

3. 哪些二手房可以申请按揭贷款？

有两种情况可以贷款：第一种是购买按规定可出售的公有住房，需要购房贷款的；第二种是购买具有产权的二手住房，需要购房贷款的。

4. 二手房按揭贷款的申请条件有哪些？

有完全民事行为能力的自然人，具有稳定的经济收入和按期偿还贷款本息的能力；

有贷款人认可的资产作抵押或质押，或有符合规定条件、具备代偿能力的单位或个人作为偿还贷款本息并承担连带责任的保证人；

有购买住房的合同或协议；

所购二手房必须是符合政府规定的可进入房地产市场流通的条件，具有房屋所有权证、土地使用权证和契证、卖房人具有完全处置权利的住房；

所购住房价格基本符合贷款人或其委托的房地产估价机构评估价值；

不低于购买房款30%以上的首付款。

5. 申请二手房按揭贷款须提交的资料有哪些？

（1）买卖双方共同提交的资料：

买卖双方填写的《购房抵押贷款申请表》；买卖双方签订的《房屋转让合同》。

（2）购房人（借款人）提交的资料：

收入证明（单位收入证明，并可选择提供存款证明、有价证券、其他房地产证明及其他收入证明）；身份证和户口簿及婚姻状况证明；配偶身份证；若购房人为企业法人的，须提供企业法人营业执照、法定代表人证明书、公司章程、验资报告及近期财务报表和贷款证等有关证件资料。

（3）售房人提交的资料：

售房人（含共有人）身份证、户口簿或受委托人公证委托书和身份证；房屋共有人同意出售的书面文件；所售房屋的产权证明文件；若房屋已出租，须提供租户的证明文件及同意出售的文件；若售房人为企业法人，须提供有效的企业法人营业执照、法定代表人证明书等有关文件（若所转让房产为国有资产，还须提供国有资产管理部门同意转让的证明文件）。

6.二手房贷款的办理程序是什么？

第一步：贷款申请及初步评估。

手续和文件：①交申请表、卖方产权证（复印件）、买方收入证明及身份证复印件（核对原件）；②房屋估价；③交房屋转让合同。

第二步：资料调查、贷款批复及贷款受理。

手续和文件：①调查及审批；②初步回复（贷款额及年限）；③签购房抵押贷款合同；④办理授权委托书公证；⑤预签保单。

第三步：房屋抵押登记。

手续和文件：买卖双方或委托人到房地产交易管理所办理（带备产权证、身份证原件）。

第四步：发放贷款。

手续和文件：买卖双方缴清保险费、公证费、中介费等费用、将收据交银行检查，并将产权证等相关证件交给银行。

7.二手房贷款有哪些类型？

目前，我国现行的购房贷款方式有三种：按揭贷款、公积金贷款和组合贷款。

8.银行对借款人的资信方面有何要求？

银行通常是通过个人收入来测算借款人的还款能力，具体测算标准，家庭月收入应大于月还款额的2倍，但减去月还款后必须满足家庭正常生活开支（通常为1000元）。

9.购房贷款有哪些还款方式？

固定利率房贷：目前国内借款人与银行已签订的房贷合同是浮动利率的，央行每一次加息，借款人的月供就要有相应的增加。

而固定利率房贷则不会"随行就市",在贷款合同签订时,即设定好固定的利率,不论贷款期内利率如何变动,借款人都按照固定的利率支付利息。

等额本息还款:银行目前办理最多的还款方式就是等额本息还款方式。这种还款方式是按按揭贷款的本金总额与利息总额相加,然后平均分摊到还款期限的每个月中。

等额本金还款:等额本金还款方式是指借款人每月等额偿还贷款本金,贷款利息随本金逐月递减并结算还清的方法。其特点是每月归还贷款本金相等,利息则按贷款本金余额逐月计算,前期还贷金额较大,以后每月还款额逐渐减少。

等额递增(减):指投资者在办住房商业贷款业务时,与银行商定还款递增或递减的间隔期和额度,在初始时期,按固定额度还款,此后每月根据间隔期和相应递增或递减额度进行还款的操作办法。

按期付息还本:"按期付息还本"就是借款人通过和银行协商,为贷款本金和利息归还制定不同的还款时间单位。

10. 共有房地产如何设定抵押?

共有房地产,每个共有人都有权对该房地产设定抵押权,但须取得其他共有人的书面同意。按份共有的房地产设定抵押时,以抵押人本人所有的份额为限;以共同共有的房地产设定抵押时,全部房地产均为抵押财产,抵押物变卖时,其他共有人员负连带责任,在以变卖款偿还债务后,其他共有人有权向抵押人追偿。

11. 房地产抵押合同应当具备哪些条款?

以房地产设定抵押,抵押人和抵押权人应当签订抵押合同。根据我国有关的法律规定,房地产抵押合同应当具备下列条款:

（1）抵押当事人的自然情况；

（2）抵押物的坐落、类型、结构、面积、价值、房屋所有权属、土地使用权属及权证编号；

（3）被担保的主债权种类、数额；

（4）债务人履行债务的期限；

（5）抵押担保的范围；

（6）抵押物的占管人、占管方式和责任，意外毁损和灭失的风险责任；

（7）抵押权人处分抵押房地产的方式；

（8）争议的解决方式；

（9）抵押当事人约定的其他事项。

12. 什么是转按揭？

"转按揭"是指在个人住房贷款还款期内，借款人出售作为抵押物的房屋，经贷款银行同意，由房屋的购买人继续偿还出售人未到期的贷款。简单说就是仍处在按揭中的房屋进行再次买卖，该房屋的买方仍继续偿还卖方的按揭房款。分为异名转按揭和同名转按揭两种情况。异名转按揭是指已在银行办理了个人住房按揭贷款的借款人，在贷款清偿之前需要将房产转让给他人，而向银行申请将房产过户给受让人，并由房产受让人继续偿还贷款或重新申请按揭贷款。同名转按揭是指正处在按揭期间的借款人，为了增加（减少）贷款金额或延长（缩短）贷款年限，把住房按揭从一家银行转到另一家银行。

13. 未成年人买房可以申请贷款吗？

单纯以未成年子女的名义买房，是不能向银行申请贷款的。只有孩子的父母（或一方）与孩子共同作为买房人，由父母（或一方）向银行申请贷款和做出抵押承诺，并办理为孩子代为还款并承担连带还款责任的公证,才能申请到银行贷款。

14. 什么是个人按揭房产二次抵押贷款?

个人按揭房产二次抵押贷款是指自然人客户以其抵押的按揭房产作二次抵押向银行申请新的贷款。可以获得的最高贷款额为:按揭房产价值 × 抵押率—当前按揭余额。按揭房产价值和抵押率由银行认定,济南市银行对房产的抵押率最高可达70%。

15. 二次抵押贷款有哪些优势?

盘活房产。用同一套房既按揭又消费,通过按揭房产再融资,满足临时或者一次性的消费需求。

多种用途。新的贷款可以用于购车、助学、装修、旅游等多种消费。

适用面广。该产品适合按揭购买的二手房以及商品房,包括商品住房、房改房、商用房和商住两用房。

16. 二次抵押贷款对贷款人有哪些要求?

一般情况下,各银行都要求借款人必须是自己银行一手房抵押贷款的客户,无欠息行为,收入稳定,信用良好,有按期偿还借款本息的能力,并已按期偿还本息两年以上。

17. 二次抵押贷款对房屋有哪些要求?

每个银行的具体要求不尽相同,但大的方面差不多。以中国银行为例,要求如下:

(1)用于二次抵押贷款的房屋应为市场发展潜力较大的优质住房和商业用房;

(2)用于个人房屋二次抵押贷款的房屋必须是现房;

(3)房屋是使用中国银行抵押贷款所购买的一手房;

(4)房屋抵押登记已办妥,且我行是房屋的抵押权人;

(5)房屋已办理保险,且保险单正本由中国银行执管;

（6）房屋所处位置优越，交通便利，配套设施齐全，具有较大的升值潜力。

18. 二次抵押贷款的限额是什么？

仍旧以中国银行为例：以住房抵押的二次贷款抵押率最高不超过70%；以商业用房抵押的二次贷款抵押率最高不超过50%。二次抵押贷款的期限根据贷款的具体用途来确定，用于个人消费类贷款最长不超过5年，用于个人经营类贷款最长不超过3年，并且贷款到期日不超过第一次抵押贷款的到期日。

19. 房屋贷款后，无力还贷怎么办？

作为抵押人来说，应承担的主要义务是按合同的约定，按期归还贷款本息。如果贷款人没有特殊情况，一般都能按期归还。但是遇到特殊情况，如工作变动、家庭收突然减少或是疾病等原因，有的贷款人确实无法按期归还贷款。

作为贷款银行来说，要维护银行利益，就得向贷款人催还贷款。假定贷款人和银行原来约定15年全部归还贷款本息，这并不是说银行要等15年期满方能行使抵押权，而是只要贷款人没有按约定的归还期限还款，银行就有权行使抵押权。如果一期、二期不能按时还款，银行并不一定立即行使抵押权，但积累到一定程度，银行就必将行使这一权利。

这时，贷款人就要根据实际情况权衡利弊。如果贷款已大部分归还，就可考虑临时借贷，归还其余的贷款本息。如果不是临时困难，就应考虑采用其他方法解决。比如，征得银行同意，将购买的房屋转让，用转让所得的款项归还贷款；或是征银行同意，由新的购买者与银行订立抵押合同，由新的购买者继续履行还款义务。这虽然不是理想的方法，但比之银行通过拍卖或是诉讼来解决，要主动得多，经济损失也更小。

20. 抵押房产发生意外时，该怎么办？

抵押人占管的房地产发生损毁、灭失时，抵押人应当及时将情况告知抵押权人，并应采取措施防止损失的扩大。由于不可抗力等自然原因造成抵押物损毁、灭失的，抵押人不负有责任，但抵押人因此获得赔偿金、保险金的，抵押权人有权在赔偿金、保险金的数额之内要求提供担保。由于抵押人本身的故意或过失造成抵押物损毁、灭失的，抵押人有义务重新提供与减少的价值相当的担保。无论在何种情况下，抵押房地产的残余价值仍作为债权的担保。

21. 住房公积金制度是怎么回事？

住房公积金是指国家机关、国有企业、城镇集体企业、外商投资企业、城镇私营企业及其他城镇企业、事业单位、民办非企业单位、社会团体及其在职职工缴存的长期住房储金。

住房公积金制度是一种住房保障制度，它通过国家、集体、个人三者共同筹集一笔稳定的政策性住房资金，建立起住房资金的积累、周转和政策性住房贷款制度。建立住房公积金制度，可以推进城镇住房建设，提高政府的住房保障能力，促进政策性住房金融体系和城市廉租住房供应体系的建立；建立住房公积金制度，就可通过个人缴存、单位资助、长期存储的形式，形成职工住房的自我保障机制，增强职工解决自身住房、提高居住水平的能力。

22. 住房公积金如何计算利息？

住房公积金自存入职工住房公积金账户之日起，按照国家规定的利率计息。职工个人住房公积金存款，当年归集的按结息日挂牌公告的活期存款利率计息；上年结转的按结息日挂牌公告的3个月定期整存整取存款利率计息。住房公积金利息收入归职工个人所有，不征收利息税。

23. 住房公积金缴存比例是多少？

职工和单位住房公积金的缴存比例均不得低于职工上一年度月平均工资的7%，最高不得超过15%，最高缴存基数不应超过上一年度职工月平均工资的3倍。各单位可按照自身经营情况，在依法纳税、正常发放工资的基础上，申请适当调整比例，报请住房公积金管理中心审定。缴存比例一经确定，一年不变。

24. 哪些情况下可以支取公积金？

以济南市为例，职工有下列情形之一的，可以按照规定支取职工住房公积金账户内的存储余额：

（1）购买、建造、翻建、大修具有产权的自住住房的；

（2）离休、退休的；

（3）完全丧失劳动能力，并与单位终止劳动关系的；

（4）偿还个人住房公积金贷款本息的；

（5）户口迁出济南行政区域或出境定居的；

（6）职工在职期间死亡的或者被宣告死亡的；

（7）房租超过家庭工资收入规定比例的；

（8）享受城市居民最低生活保障并支付房租的。

符合以上第2、3、4、7项支取条件的，可以提取职工本人住房公积金账户内的全部存储余额，并同时办理职工住房公积金账户的销户手续。

符合以上第1、5、6、8项支取条件的，可以支取职工本人及其配偶住房公积金账户内的存储余额，支取金额起点为百元。其中：

（1）职工因购买、建造、翻建、大修具有产权的城镇自有住房而支取住房公积金的，每购买、建造、翻建、大修一次住房，只能支取一次住房公积金且不得超过实际支付的费用；

（2）职工因偿还住房公积金贷款本息需支取住房公积金的，每还款满一年可以支取一次，支取金额不得超过上年度实际偿还的住房公积金贷款本息之和。住房公积金贷款到期或实际偿还完住房公积金贷款本息后，停止支取住房公积金；

（3）同时符合第1、第5项支取条件的，按第5项支取条件的规定执行。

25. 提取住房公积金需要提交哪些材料？

（1）填写完整并加盖公章的《济南市住房公积金支取申请、审批表》；

（2）申请人和经办人的身份证原件和复印件；

（3）按照《住房公积金支取管理办法》规定应提供的相关证明材料，详细内容查阅"济南市政府信息公众网"住房公积金网页。

（4）单位财务部门出具的"济南住房公积金支款凭证"。

26. 提取住房公积金有哪些程序？

（1）职工提取住房公积金，首先由本人向所在单位提出支取住房公积金申请并填写支取申请审批表。单位审核同意后在支取申请审批表上加盖行政公章，财务部门出具住房公积金支款凭证，由单位指定专人，持支取人和经办人的身份证原件及复印件、相关文件或证明材料到管理中心办理审批手续。

（2）符合支取条件的，经管理中心审核批准后，职工凭住房公积金支款凭证及"住房公积金支取申请审批表"去开户银行办理支取手续。

（3）单位撤销、解散或者破产的，职工住房公积金进行专户封存，符合支取条件的，可由本人直接向管理中心提出申请。

（4）市属五县（市、区）职工支取住房公积金，凭上述规定的相关材料先到当地受委托银行进行初步审核，然后通过银行将相关材料及复印件交管理中心审批同意后，方可支取。

27. 住房公积金贷款有哪些优势？

住房公积金贷款属于国家政策性贷款，它是指按《住房公积金管理条例》规定，按时足额缴存住房公积金的借款人在购买自住住房时，以其所购住房或其他具有所有权的财产作抵押，或以动产、权利作质押，申请以住房公积金为资金来源的住房贷款。住房公积金贷款优势突出：（1）利率低；（2）房屋保险自愿；（3）贷款期间，可每年支取一次住房公积金用于还贷款；（4）手续简便；（5）办理方便。

28. 申请住房公积金贷款的流程是什么？

（1）借款申请人向受委托银行领取并如实填报《住房公积金贷款申请审批表》，同时附规定的全部材料报送受委托银行。受委托银行对借款人填报的《住房公积金贷款申请审批表》和所提供的材料进行认真调查、核实，确保内容完整规范、证件齐全有效、材料真实合法。

（2）受委托银行对借款人的各种证件、资料审查合格后，签署意见并注明时间报送管理中心。

（3）管理中心收到申请材料后按照三级审批制度先由信贷经办人员对借款人的资信状况进行考察、测算、核实，签署意见，经信贷业务处室负责人审查后，报管理中心分管负责人批准。然后向受委托主办银行出具《委托贷款通知书》，明确贷款的对象、金额、期限、利率等内容，同时将委托贷款资金划入主办行账户。对不符合贷款条件的，由受委托银行通知借款申请人并说明原因。

29. 申请住房公积金贷款需要什么条件？

（1）贷款对象应是具有完全民事行为能力的自然人；

（2）具有济南市城镇常住户口或有效居留身份；

（3）具有稳定的职业和收入，信用良好，有按时还本付息的能力；

（4）借款人及所在单位已与管理中心建立正常的住房公积金缴存关系，至贷款时已累计缴存住房公积金12个月，并连续缴存6个月以上；

（5）具有合法的购房合同或协议，借款人必须是购房合同约定的产权人；所购住房为济南地区范围内的商品房、经济适用房、单位集资建房、房改房及二手房；

（6）已交付所购住房全部价款30%以上的首付款；

（7）同意以所购住房或管理中心认可的其他房产作抵押，集资建房单位应提供阶段性贷款担保，不能提供担保的行政事业单位，要由该单位与管理中心签订协议，负责代扣代缴借款人每月应还的贷款本息；

（8）每个住房公积金缴存者及配偶只能同时享受一次住房公积金贷款，如果配偶一方已经办理住房公积金贷款，则在该笔贷款清户之前，另一方不得再申请住房公积金贷款。

30.住房公积金贷款额度如何确定？

贷款数额按照借款人的申请额和限额标准计算确定。申请住房公积金贷款金额不超过限额标准的，以申请额作为贷款金额；申请额超过限额标准的，以其中最低限额作为贷款金额。

住房公积金贷款限额应同时符合以下条件：

（1）每个购房户申请住房公积金贷款金额不高于抵押房屋总价款的70%；

（2）每个购房户申请住房公积金贷款不高于30万元；

（3）可贷金额不高于按借款申请人及配偶缴存住房公积金计算的贷款额度。借款人可选择下面两个公式中的任意一个来计算限额：A：住房公积金贷款额度＝借款人及共同还款人住房公积金月缴存额之和÷缴存比例×12个月×贷款年限×40%（其中40%作为还贷能力系数，如借款人距退休超过20年且借款年限超过10年，则该系数可上调至50%。）B：住房公积金贷款额度＝借款人及共同还款人住房公积金缴存余额之和×15。

31. 住房公积金贷款的期限是如何确定的？

对住房公积金贷款期限的审查，需要同时满足以下条件：

（1）贷款年限最长不超过30年；

（2）贷款期限加借款人年龄不得超过借款人法定退休的年龄。现规定，男性按照60周岁计算、女性按照55周岁计算贷款期限；

（3）凡符合国家及人事部的有关文件规定，可以延长退休年龄的职工（如高级职称人员、人大、政协委员等），经所在单位出具证明材料后，可按延长后的年龄计算可贷年限；

（4）二手房房龄与贷款年限之和不应超过30年。

32. 二手房公积金贷款应提供的材料

二手房办理是以现房做抵押担保，除提供商品房住房公积金贷款所提供的全部材料外，还应提供以下资料：

（1）卖方身份证、户口簿复印件；

（2）房产证原件和复印件；

（3）由管理中心认可的评估机构出具的评估报告；

（4）贷款额度不得超过评估价的70%；

（5）由管理中心认可的中介机构与买卖双方签订的三方协议；

（6）由区级以上房产交易部门进行抵押登记。

法律知识的问答

1. 解决房屋交易纠纷的方式有哪些？

根据我国司法的有关规定，消费者在购买房屋的过程中发生纠纷，一般有协商、调解、仲裁、诉讼四种解决方式。

2. 房地产官司应向哪个法院起诉？

在《中华人民共和国民事诉讼法》中明确规定，房地产诉讼，在民事诉讼的案件管辖中属于专属管辖。专属管辖是一种特殊的地域管辖。其特殊性表现为凡属专属管辖的案件，即不允许其他同级人民法院管辖。《民事诉讼法》又规定，不动产纠纷案件，由不动产所在地的人民法院管辖。当事人因房地产纠纷，需要向人民法院起诉的，应当向该房地产所在地的人民法院起诉。

3. 何种房地产纠纷可直接向法院起诉？

根据最高人民法院相关文件的规定，房地产交易纠纷属下列情况之一的，可以直接向法院起诉：

（1）属于平等主体之间以私有房屋为标的发生的权属、析产、买卖、租赁、借用、代管、赠予、抵押等纠纷，以及侵害私有房屋所有权、使用权纠纷等，由民事庭受理。

（2）平等主体之间以房管局直管公房为标的发生租赁、借用、换房及强占房屋等纠纷，由民事庭受理。

（3）职工对本单位分配自管住房方案、决定有意见，而与单位发生争议，不属于法院管辖范围。但在房屋分配过程中因职工擅自强占待分配的房屋，单位诉请法院解决的，由民事庭受理。

（4）单位分配给职工的房屋被其他职工抢占，被侵权人向法院起诉的，由民事庭受理。

（5）因行政划拨产生的公房所有权、使用权纠纷，不属于法院管辖范围，一方为此向法院起诉的，应告知其向主管部门申请解决；如果房屋所有权、使用权明确，只是为权利、义务的履行发生纠纷的，民事庭应予受理。

（6）因违章建筑妨碍他人通行、采光等民事权益引起的相邻纠纷，或以违章建筑为标的发生的买卖、租赁、抵押等纠纷，当事人起诉讼的，民事庭应予受理。

（7）拆迁人与被拆迁人就有关安置、补偿、产权调换等问题达成协议，并部分履行后，一方反悔而产生的纠纷，由民事庭受理。

（8）对于危旧房屋改造中产生的纠纷，原则上不宜作为民事案件受理。如果危改拆迁人与被拆迁人已达成安置、补偿协议，并已部分履行，当事人仅为继续履行协议发生纠纷而起诉的，可由民事庭受理。

（9）土地所有权、使用权权属明确，当事人因侵权行为产生的纠纷，应作为民事案件受理。但土地主管部门侵权行为已作出行政裁决，当事人因不服裁决起诉的，法院应作为行政案件受理。

（10）土地出让、转让合同纠纷，由民事庭受理。

（11）其他以房地产为标的开发、建筑承包、入股、联营、代理等民事行为发生的纠纷，由民事庭受理。

4. 怎么聘请律师打房地产官司？

当事人可以聘请具有房地产专业知识和诉讼技巧的房地产专业律师为其服务。

当事人聘请律师作为诉讼代理人，应提供自己的身份证件和有关资料。

当事人聘请律师代理诉讼,应与律师所在的律师事务所签订委托代理合同,合同应包括委托事项、授权范围、双方的权利和义务、收费标准、违约责任等。

当事人应当签发授权委托书。授权委托书应载明受托人的基本情况,委托事项与权限。委托权限有一般代理和特别代理。

除法律援助案外,委托律师代理的当事人应向律师事务所缴纳有关代理费用。双方可约定采取按比例收费、协商收费、风险代理收费或计时收费等收费方式。

5.房地产案件诉讼时效如何规定?

当事人向法院请求保护民事权利的诉讼时效期间为二年。从知道或应该知道自己的权益受到侵害之日起计算。但是,从权利被侵害之日起超过20年的,人民法院不予保护。

如果是建筑物或者其他设施以及建筑物上的搁置物、悬挂物发生倒塌、脱落、坠落等,使身体受到伤害要求赔偿的,延付或拒付房屋租金的诉讼时效为1年。

6.哪些房地产纠纷仲裁委员会不予受理?

根据我国《仲裁法》,下列房地产仲裁委员会不予受理:

涉及婚姻、收养、监护、继承、析产、赠予的房地产案件。

依法应当由行政机关处理的房地产行政纠纷。

法律法规规定不能申请仲裁的其他案件。

其他:①人民法院已经受理或已经审结的房地产案件。②涉及落实政策的房地产纠纷。③因公证机关公证而发生争议的房地产纠纷。④机关、团体、企业、事业单位内部分房的纠纷。⑤军队内部的房屋纠纷。

7.人民法院受理房地产案件的条件是什么?

原告必须是与本案有直接利害关系的公民、法人和其他组织。

有明确的被告。

有具体的诉讼请求和事实、理由。

属于人民法院受理范围和受诉人民法院管辖。

第三部分 交易流程要牢记

房源开发的途径

对房地产经纪人来说,房源是指业主(委托人)委托房地产经纪人出售或出租的房屋。房源是房产中介的粮食,没有房可卖就会陷入窘境,拥有优质房源即抓住了成交的主动性,同时,房源开发能力是经纪人的基本能力要求,是新经纪人了解房产市场和积累工作经验的最直接方法。由此可见,房源开发对房地产经纪人的意义非常重大。

房源开发要注意三个方面:一是房屋自身及周边环境的物理状态,二是房屋的合法用途及其权属状况,三是业主(委托人)在委托过程中的心理状态。房源开发要遵循及时性、真实性、持续性、集中性、主动性、可查性和有效性七个基本原则。房源开发的一般方法包括以下方面:

- 直接接触:包括门店接待、上门拜访、专业市场和小区活动等。
- 通讯询问:包括信函询问和电话询问。
- 广告推广:包括报纸广告、路牌广告和宣传单页等。
- 网上互动:在网上搜寻原始房东房源,或者在网上发布求购信息。
- 寻找大型单位进行合作,比如开发商、大型企、事业单位、资产处理公司、银行等。
- 人际关系:六同一专(同学、同事、同乡、同族、同邻、同好、专业人士)。

- 客户介绍：与现有客户或顾客保持长期联系，建立忠诚关系，通过这些客户介绍其他客户。

对于房地产经纪人尤其是新人来说，要将房源开发列为最重要的业务能力之一，遵循"三四三法则"：三：一天至少3小时用于开发；四：一周至少4天用于开发；三：一月至少3周用于开发。

开发房源时，除了直接接触外，无论是通过信函、电话还是宣传单页等，我们基本的目标是，要和房东争取一次见面的机会。只要见面就会获得更多的信息，为下一步房源营销打下坚实基础。在房源开发时，一定要变被动为主动，坐等上门客户的做法很难奏效，只有主动出击，发动各种关系，通过各种途径，积极寻找，才能捕获到优质、有效的房源信息。

客源开发的途径

客源开发工作是销售工作的第一步,通常来讲是房地产经纪人通过市场调查初步了解市场和客户情况,对有实力和有意向的客户重点沟通,最终完成销售目标。客源开发的前提是确定目标市场,研究目标顾客,从而制定客户开发市场营销策略。房地产经纪人员的首要任务是开发准客户,通过多种方法寻找准客户并对其进行资格鉴定,使营销活动有明确的目标与方向,使潜在客户成为现实客户。

客源开发是房地产经纪行业成功的关键和命脉,要建立一个业绩稳定的客户基础,需要3年左右的时间,这就要求房地产经纪人积极开发,向顾客提供高质量的服务,随时关注市场变化,树立专业形象。

上客是一个长期的过程,很多经纪人都会有为找不到客源而烦恼的问题,有了足够的房客源,房配客,客配房,就可以比较顺利地达成交易。客源开发一般有以下几个途径:

1. 上门客

房地产经纪中介公司的门店上门客户。

2. 网络客

来源于互联网的客户,互联网客户称为网络客,网络客户又分为:网站、业主群及小区论坛等。

3. 通过以前服务过的客户介绍

即通过已经买过或者租过房子的客户介绍，请切记，不要忘记经常联系，他们是你的很大一笔财富，如果不经常联系，就是你的损失。这种客户最实在，有些已经租过房子的客户，过了一两年自己也会打算买房子，如果你经常保持跟他联系，那么一旦他有需求，就一定会找你买房子，另外，也有些已经租了房子或者买了房子的客户，也会带自己的亲戚朋友来租房买房。

4.通过广告贴纸

我们可以自己制作 Word 文档，在上面写上业主急售、手机号码、微信店铺二维码，然后打印出来，在小区的布告栏中粘贴。

5.通过自己的亲戚朋友

我们要懂得如何利用自己现有的资源和优势，你要让你的亲戚、朋友、同学都知道你现在做房地产，如果他们自己需要或者有朋友需要买房，就一定会找你。

6.不停地派发自己的名片

世界上最成功的推销员——美国人乔·吉拉德就有这样的习惯，在与客户见面时，总是会递交自己的名片。第二次、第三次见面时依然发自己的名片。原因很简单，当你第一次发名片时，客户会很不在意，名片有可能丢失。如果见一面就发一次，那么效果就显而易见了。一旦客户有需求,他手里有那么多张你的名片，难道还不会选择找你买房吗？

7.通过小区的安保人员、清洁人员、装修公司、搬家公司等

平时多跟这些人员保持联系，有些来小区闲逛的客户，会向保安、清洁工等了解小区的信息，也经常会有小区的保安、清洁工，以及装修公司的员工把客户介绍给我们。如果成交，按照公司的制度，提供客源可以分到一定比例的提成。

不同类需求的房客源开发

1.新婚购房需求特点:
(1)小户型为主,一般户型面积在50～80平方米居多。
(2)因为都在上班,较少有私家车,所以一般要求交通方便。
(3)考虑到将来有了小孩或双方父母一同暂住的需要,购房时一般选择两房单位。
(4)积蓄不多,家庭月收入较高,在购房时一般会得到父母的赞助。
(5)卧室一般要求朝阳,卧室使用面积较大一点。
(6)老城区的房子或者最近两三年的房子比较受欢迎。
(7)一般不是一次性付款,能使用公积金贷款,首付比例可以高一点,由父母资助的比较多。
(8)因为新婚夫妇一般是过渡置业,考虑到将来会换大户型,所以对房子将来的出售和保值功能比较在意。
(9)地理位置也是购房时的首选因素,对交通、配套、小区品质的要求较高。
(10)周边商铺、医院、学校配套齐全,生活成熟区域的房源。
房源开发:要多开发小户型房型,以60～80平方米的户型最受欢迎,城市中心区域或者交通比较方便的地方多做商圈精耕开发。
客源开发:婚纱影楼、旅行社(蜜月旅行)、婚姻登记处、婚庆礼仪公司等地方。

2. 投资购房需求特点：

（1）有升值潜力的地方、城市的中心区域,或者城市景观区域。

（2）房源处于规划的行政或商业中心。

（3）对于地段要求非常严格，一般要求成熟区域。

（4）对于房产了解较多，一般要求经纪人更专业，比如可以计算投资回报率。

（5）知名开发商开发的品质楼盘。

（6）稀缺性房源或者不可再生性房源。

（7）能够很快转手或出租的房源。

（8）对楼层和朝向要求比较严格。一般顶层、一楼都不在考虑之列。

（9）老城区或学区小户型房源。

（10）商业地段商铺和新开楼盘底商。

房源开发：成熟小区的商圈精耕和开发、知名品牌的楼盘商圈、老城区或中心商业区以及新兴行政商业区域、交通便利地段有升值潜力的房源。一般不用位于主城区域的小区，可以在城市新开发或者新兴区域。

客源开发：老客户介绍，报纸网络，与物业管理公司合作，高端房展会。

3. 教育需求用房：

（1）处于重点小学中学学区附近。

（2）总价不高，以面积 40～60 平方米的小户型为主。

（3）到学校步行 15 分钟左右路程的房源。

（4）购买者以外地或者所属县乡镇居多。

（5）能够购房入户学区。

（6）对房屋的楼层或朝向一般不是很在意。

房源开发：学区附近小区重点精耕、驻守、派报。

客源开发：学校的招生说明会、学校招生办、报纸广告、网路找客。

4. 改善型用房：

（1）面积一般为90平方米以上，一般为两代或者三代家庭成员住。

（2）户型一般为三室一厅。户型较大，很多要求有两个卫生间。

（3）小区一般相对比较大，以最近五年落成的小区为主要选择。

（4）一般不用位于主城区的小区，可以在城市新开发或者新兴区域。

（5）对小区绿化和环境要求比较高。

房源开发：商圈内小区驻守、网络、报纸广告、尾盘、一手代理公司。

客源开发：房展会派报、知名小区开发驻守、一手楼售楼处、报纸广告等。

独家委托签约窍门

房产中介公司为了保证自己的利益，主要是为了防止带客户看完之后客户甩单私下成交，除了跟客户签带看协议之外，在登记房源的时候还会和房东签一份委托协议。因为法律规定，中介公司没有得到房东本人的委托是没有权利买房子的。房东签的这份委托协议分两种，一种是非独家协议，这样的委托不会限制房东，他可以同时跟好几家中介公司签这种协议，只要客户不冲突就没有问题；另一种协议叫独家协议，签了这种协议，房东在委托到期之前不能通过其他中介卖房子，即使有其他中介找到房东也不行。

对于中介公司来说，签了独家协议就好比吃了定心丸，因此在推荐的时候会有选择地找客户，价格会比房东的底价多报一些，对于一些比较抢手的房子，甚至比底价多报好几万。虽然成交速度可能慢一些，但是价格上不会吃亏。

作为房东，他希望能通过多种渠道，以最高的价格把房子以最快的速度安全地卖出去，所以对于房地产经纪人来说，签订独家委托的难度比较大。

1.什么样的房产适合独家委托？

（1）价格合理，需求旺盛，房主售房目的明确，房主配合，看房方便。

（2）价格虽高，但需求旺盛，房主售房目的明确，房主配合，看房方便。

（3）价格便宜，户型好，楼层好，区位一般的。

（4）价格虽高些，但户型好，楼层好，年代较新。如果年代老，区位好，楼层及房型好也是签独家委托的对象。虽然价格高，但房子比较好的可以通过经常沟通与不成交来打压，房主价格会慢慢降低。

（5）价格合理，业主售房目的明确，业主配合，看房方便，房产位置离公司不是太远。

2. 如何签独家委托？

（1）体现辛苦度。好房子就要跟紧房东，如果不需要房东过来开门的可以假装有客户看房，经常约看，让房东记得你。

（2）建立信任。带看时要反馈，进门发短信告知房东已经顺利进入小区，谢谢配合！带看后要反馈，无论客户看得满不满意都要打电话反馈给房东，做到贴心服务。

（3）体现专业。为房东制定销售策略，大胆建议房东做整改，充分体现对房子的了解，房东会被你的专业折服。

（4）缩短卖房周期。对于想卖房的客户来说，他最大目的是将房屋尽快卖掉，独家不独家是其次的，那么我们应该有足够的底气告诉客户我们公司有足够的能力将他的房屋尽快出售。

（5）避免恶性竞争。现在买二手房的客户越来越理智，他们买房不会只看一家中介，而是跑好几家，同一套房子每家中介报出来的价钱也不可能一样。客户的感觉一是你的房子肯定急着卖，不然不会到处都挂；二是这个价钱肯定有可谈的空间。造成的结果是客户会让这几家中介都帮他谈价钱，哪家谈的最低就和哪家成交，这样你的房子能卖到好价钱吗？更何况同时几家中介都在杀你的价钱，你该如何处置？

（6）一对一的专人服务，制定销售策略。我们会实地查看你的房子，并根据房子特点为你提供专业的判断及更细致的销售策略。其实不是房子卖不出去的问题，而是你的房子缺少一个专注的经纪人!

（7）机会点：独家委托的房源可以享受免费的媒体广告、橱窗广告，还会专门做出最完美的 DM 单，以便在第一时间将独家的房源以最直观的效果展现在更多的客户面前。对于独家有钥匙的房源，我们定期还会有专人的保洁、花园护理等更多超值服务。

3. 签订独家委托有哪些步骤？

（1）澄清：当客户不想把房产单独委托给你时，要想尽一切办法了解客户有什么疑虑导致其不想签独家委托。

（2）解惑：知道客户的疑虑后，我们就要从病症下手帮助其消除疑虑。

（3）讨论：和客户讨论销售方法和渠道，取得客户的信任与好感。

（4）拍板解决：客户完全消除疑虑后，我们就可以签委托了。

4. 签订独家委托有哪些注意事项？

（1）提出该房产市场价位，适时打压房价。

（2）主动提出委托要求。

（3）委托过程中要真诚、专业、准确。

（4）尽量多让顾客说，了解顾客的想法。

（5）说话要连贯，注视对方。

（6）不懂报价时要学会推诿。

（7）要明确自己对房价的一个预期范围。

（8）当场能签下的委托一定要当场签订下来。

5. 签订独家委托有哪些话术?

（1）如果我独家委托给你，你们要多久才能卖掉我的房子？

我能理解您想尽快以合理的价格出售您房屋的心情，几乎所有的客户都希望以最快的速度把房子卖出去。我们会为我们的"独家委托"客户提供特别的质量服务承诺，和您一起制定一份详细的房产推广计划书，里面包括很多项有偿的广告项目，我们承诺在双方协商的时间内完成这些房产推广计划，并且不再额外跟您收费。这里有几份我过去客户的独家委托书和感谢信，我帮助他们在最短的时间里卖掉了房子，现在我们都成了好朋友。我想，经过几次接触之后，您会更加了解我和我们公司，我们也会成为朋友的。

（2）如果我独家委托给你，但是你却没有帮我卖掉房子怎么办？

对于中介方，无论是否能帮您卖掉房子获得佣金报酬，我们在市场推广方面的前期投入都是一定的。所以，为了让我们的市场投资得到最大的回报，我们不会放过任何一个可能成交的机会。在委托期内卖掉的可能性是非常大的，今年我们签的独家委托客户基本上都成交了（列举一些成功的案子）。我现在需要的就是您的签名了，我们能不能今天就开始营销您的房子？

（3）我凭什么相信你，你看起来没什么经验？

您的眼力真不错。的确，我入行时间不长，但是在销售经理的帮助下，我已经有成交了。我们的独家委托业务有严格的店内控制制度，每一个步骤都会严格按照我们签订的委托合同来执行，正因为我是新人，我非常重视每一个机会，将会投入100%的精力为您服务。

（4）还是一般委托吧，独家委托我暂时不想考虑。

我完全理解您的想法，很多客户也认为一般委托对自己有利，其实并不尽然。如果您与多家中介公司签订一般委托，看起来似乎很多公司都在帮您的忙，但是每家公司都会想，"如果我帮他做了广告和推荐，万一他还是找其他人卖掉了，我岂不是瞎子点灯白费蜡"，所以大家都不会投入 100% 的精力。而且，大家为了让自己的客户尽快成交，很有可能压低您的价格。独家委托就可以保证我们的客户利益最大化，在价格方面，由于只有我们一家代理，也不会出现恶意压价的情况。

房客源配对要精确

配对是指把合适的房源与合适的客户进行匹配，为客户选择符合其需求的房屋，为业主寻找合适的房屋购买者。配对最核心的问题是，彻底弄清楚客户的需求，确定客户需求的主次，然后再向客户有技巧地推荐房源。

了解客户的需求非常重要，这是房源配对最基础也是最核心的一步。客户的预算是多少？客户对楼层有没有要求？客户有没有指定小区？客户对户型有没有要求？客户有没有被限购等，这些问题都需要一一弄清楚，并且对客户的特殊需求也要格外注意。比如，有的客户因为有小孩，所以必须要窗户装有防护栏的房子，这种需求可能在经纪人看来不可思议，但对客户而言非常重要，所以在寻找房源时，一定要向房东打听清楚。如果没有，就不要进行推荐。

1. 意向客户甄别

在进行房源匹配时，也要搞清楚哪些是意向客户。意向客户有一些较为明显的特点：

（1）进店直接表明购房目的。

（2）对房地产经纪人的态度比较友好，心态比较放松。

（3）仔细甄别房源，看完房源后直接咨询具体的某套房子。

（4）交谈中不排斥公开自己的住址、电话以及职业等信息。

（5）交谈中对价格比较敏感，对周边环境以及房屋本身的细节较为关注。

（6）来店或者通过网络、电话直接询问某套具体房源。

（7）听到某套房源时，身体前倾，当对某件事情触动时，大多数人的身体都会前倾或者靠前。

（8）直接带着报刊或者传单进店。

（9）年龄在二三十岁，有配偶或者家人相伴，甚至全家出动。

（10）表明是老客户或者朋友介绍。

2. 房源配对程序

（1）先在脑海里搜索重点房源，然后运用网络进行配对。

（2）优先配对有销售时限的重点、优质房源。

（3）先配对自有房源，然后匹配与他人或者其他门店合作的房源。

（4）先配对近期的房源，然后配对以前的房源。

3. 推荐房源的方法

（1）描述房源。介绍房屋具体情况，包括位置、面积、楼层、小区环境、房价等基本信息。

（2）介绍优缺点、注意真实性。根据前面了解到的客户详细需求，在此处介绍时要重点突出，如游乐环境安全、上班交通方便，让客户觉得房产有吸引力。但也不能只说优点不说缺点，客户对房子的印象是根据经纪人的描述所产生的，不要误导客户，比如房屋装修、交通或环境方面的介绍要实事求是。描述越好，客户的期望值越高，实地看房后失落感也就越强，客户容易对经纪人或公司产生不信任或者抵触的情绪。

（3）提出经纪人的专业观点。为客户分析所推荐房源，提出自己的观点。有时在某种程度上也应适当地变通客户需求，根据实际情况在价位或位置上对客户变通。要分析原因并告诉客户哪一点适合他，体现出经纪人的专业性。

（4）运用比较法，虚拟房源：这个小区前两天曾经出了同样户型的房屋，但是楼层或者装修没有这套好，单价还比这套贵，这套房屋绝对物超所值！

（5）如果客户嫌价格高，要向客户明确，房子不愁卖，先看房子再谈价格。"您还是先来看房子吧，因为房屋价格是房东定的，您跟我谈是没有太大用的，这套房屋现在预约看房的人也很多，姑且不说您的价格是半年前的价格，太低了，就是我和您先谈好价格，到时候房东把房子卖给别人，您不还是竹篮打水一场空，所以您还是先来看看房子吧！"要始终记住，客户对推荐给他的房屋价格永远都是觉得贵的，所以一定要对客户进行行情教育，让客户清醒地意识到，要买到理想的房子，一定要追加预算。

（6）通过沟通，了解客户购房的关键人，一定要求客户关键人（买房的人或者是作决定的人）来看。

带看全程细思量

将房源与合适的客户进行配对后,就要带领客户实地看房。带看,顾名思义就是房地产经纪人带领意向客户实地看房的过程,带看是房地产经纪人工作流程中最重要的一环,也是对客户进行深入了解的最佳时机,这一过程把握的好坏直接影响到交易的成功与否,带看把握得好,即使没有成功,也使我们对客户的需求和购房心理有了更深一步的了解,对以后的工作有很大的帮助。

1. 带看准备技巧

约客户看房前,要仔细了解房屋的优缺点并准备相关话题;要根据房屋的具体情况,和客户约看房时间。带户看房之前,最好通过电话对客户的需求有充分的了解,按照他的大致需求,给客户介绍三套左右的房子,让客户从感觉上判断一下哪套房子比较符合他的要求,然后带客户去看他相对比较满意的房子,这样既缩短了无用的看房时间,也提高了看房效率,增加了成单的概率。

最好在人流少,有明显标志物的地方与客户见面;并引导客户以最便捷的方式到达那里。带看一定要守时,提前几分钟到,做好迎接准备;带看前最好了解房子的基本情况,如户型、装修等,做到心中有数;提前想好带看路线和看房过程中提出的问题;思考怎样把房屋的缺点最小化、优点最大化;如带看的是有人住的房子,提前20分钟左右到房东家中与其进行沟通,为看房后成交打好基础;约客户看房时地点必须在附近,千万不能约在此房的楼下,

大场面也许可以看出性格,然而却是小事件在培养性格。

提前5分钟在约好的地方等客户,让客户填写看房单,并且告知公司的佣金。

2. 带看过程技巧

对于房子的缺点,可事先与客户进行沟通,以便取得客户的信任,但应立即用更大的优点来掩盖这些缺点,以便转移客户的注意力。进入房间后,让客户自己看,自己思考,不要让客户产生强买强卖的厌恶感;随身携带名片并找机会赠予客户。在带看过程中,可以和店里同事配合,比如让同事带其他客户也来看此套房子,以便让客户产生紧迫感;如果是需要改动的户型,房产经纪人可以向客户建议怎么改动、怎样装修。

要替客户向业主问一些客户关心的问题(房屋年代、结构、邻里关系、物业、供暖、停车、环境等);在可能及必要的情况下请业主出示产权证,确认业主的身份并了解业主登记信息是否与产权证登记相符、产权单位对房屋出售是否有限制条件及该房上市审批情况。

为了让客户形成紧迫感,形成对比性,看房时可以实行多组带看、带看多组的方式。带看多组就是准备两到三个备选房源,先看好房再看差房,形成比较,让客户感觉推荐的房子确实很好;带看多套房屋时注意时间间隔,如果看一套房时间长,以后看各套房子都会迟到。多组带看是指可以整合多组客户看房,节省时间精力,尽量约在同一时间聚焦,多组带看,形成聚焦,安排好时间间隔,要保证彼此碰面,让客户感觉房子很抢手,看的人很多。

3. 带看后结果处理技巧

初次看房的绝大多数客户都喜欢当天看完后回家考虑,并且向家里人和从事房产行业的朋友征求意见。针对这样的客户,经纪人要做到准确配对,让客户感觉找到了一套满意的房屋;第一次带看前，告知客户带看不收费，但很辛苦，希望他把能做主的人都带上；在带看过程中有技巧地对客户进行销售。

送走客户之后，为了防止客户再回头找房东，私下成交，自己不能急于离开，而应该在小区逗留10~15分钟，防止比较执着的客户回来找业主。也可以利用这段时间与小区住户、保安闲聊，顺便打探情况，了解最近是否有其他中介带客户来看房源，以便掌握竞争对手的情况。

4. 回访工作

根据情况安排回访时间，询问客户意向，告诉他现在还有人在看房，促其尽快作决定，再借其他客户之口报价，约他到店里来详谈。若客户表示还要考虑一下，一定不要强买强卖，要表示理解，但一定要让他抓紧，否则会失去这套房子。若看不出这个客户的购房意向，可以推迟两天再做回访。

5. 看房突发事件的处理

（1）房东或者客户未按约定时间到或失约时，要及时向另一方传达并解释；找到合适的话题与先到的一方交谈；如确定业主不能来，可以向业主推荐附近的房子，但条件要相近或更好，切忌在一方面前发泄对另一方的不满。

（2）如实际情况与业主介绍的不符时，一方面要真诚道歉，征得客户的谅解；另一方面要委婉地让业主做出让步。

6. 带看全过程需注意的问题

（1）最好不要在屋里谈价格，要事先和业主、客户沟通好。

（2）看房时间不宜过长，一般控制在10分钟左右为宜。

（3）主导看房过程，使双方顾客认可自己的专业水平。

（4）保持客观公正的立场。

（5）时时征求业主的同意，例如在进入房间或卧室时，要询问业主是否需要换鞋；在让客户看橱柜或衣柜前，要先问是否可以观看，尊重业主的隐私权；

（6）时时跟紧客户，不要让客户脱离自己的视线范围，不要让客户与业主有太过亲密的接触，但要注意有礼有节。

（7）为客户分析房屋的优缺点，每个缺点都要配以相应的建议，针对某些老户型固有的缺点，则需向其讲解年代较早的二手房多数存在这些问题的现实情况，引导客户正确认识该房屋。

意向金：抓住客户的第一步

意向金是附条件的定金或者说诚意金，买方有购买意向后，委托中介公司以书面形式确定下来，并支付一定金额的诚意金。如果卖方同意买方的购买条件（要约），中介公司将意向金转交给卖方，此时意向金性质就发生了变化，自动转化为定金，意向金协议也自动转化为定金协议。定金协议对买卖双方产生约束力，买卖双方必须按约定履行义务，否则将承担法律后果。买方如果不按协议的约定签订买卖合同或不购买的，卖方可以没收买方的定金；卖方如果不按协议的约定履行买卖合同义务或不出售的，应双倍返还定金。

1. 意向金可以保证你的购房权益。如果房东签收你的意向金后，意向金自动转为定金，就算有其他客户出的价格比你高，房东也不能反悔，否则就要双倍返还，这对房东是一种经济利益上的制约。

2. 意向金是向房东表示你买房的诚意。一般房东都很忙，有了意向金房东才会拿出诚意来谈，这样谈成的概率会更高。

3. 房东都是"见钱眼开"。带着意向金跟房东谈条件或价钱，他会很认真，你也会在房价上有意想不到的收获！

4. 付意向金是向房东证明你有这个实力，是真要买房的，这样谈的效果会好一些。

5. 占领先机主动权。一般来说，房东都会把房子挂在多家中介公司，谁先付钱就先跟谁谈或者卖给谁。

6. 可以探明房东的价格底线。付意向金后，房东会以最诚意的心态来商谈价格，此时便可判断房东出售此房的最低心理价位。

7. 逼出房产中介100%的潜力。一般来说，房产经纪人每人手上都有几十上百个买房客户，不支付意向金，他们很难相信你是诚意买房者，不会在你身上注入全部的时间；付了意向金，他们会把所有的时间放在你的身上，全身心地帮你购买你看中的房子。

8. 借中介之手砍房东价格。不支付意向金，中介人员一般不会死砍房东价格，因为他们如果自己没有付意向金的客户，砍下来的价格反而很快被其他同行卖掉，费力不讨好；付了意向金，他们就会想各种办法达成成交，以便成交后收取佣金。

9. 抢到最便宜的房子。任何时候市场上都有超便宜的房子，同样任何地方都有活跃的投资客，一旦看到不错的房子，一定要尽快支付意向金，不然会被投资客抢了先机，抢不到最便宜的房子。

10. 约定好交易细则。买房子不仅只有价格一个因数，还有付款方式、付款时间、家具家电、维修基金等多方面的因数。任何一项因数都有可能导致最终的不成交，因此事先要以书面的形式确定下来，而签订书面形式的前提就是购买方支付意向金，以免房东谈到中途反悔。

说服业主收定金

房地产经纪人在完成客户单方面的工作后,继而说服业主接纳客户的要求、售价及附带条款。所以业主收定金这个环节是非常重要的,双方签妥合同及业主收定金后,才具有法律约束力。向客户出示产权转移流程表,并解释流程表中每一步可能面临的风险。说服业主收定金有以下方法,房地产经纪人可以根据客户及业主的情况选择运用:

1. 为业主设定考虑时限

王先生,买家的定金已在我手上,如果今晚9:00前价钱都谈不拢的话,买家便会到别家地产公司签下另一套房,其实大家都花了不少工夫,我不希望见到您白白失去售出的机会啊!

2. 错失机会是损失

王先生,听您说其他地产公司有客人出价到45万元,我觉得您应该深入了解一下,现在市场上同类物业售价最高可达39万元,我的客人出价38万元,已经很接近您心目中的价钱了。况且该地产公司的还价是真是假还不知道,但我的客人的定金是实实在在的,担心的是如果根本没有出到45万元的客户,我客人又等不及转而选择别处,损失的是您自己。

3. 客人买楼一时冲动

王先生,客人产生购买欲都是我努力的结果,他们也可能只是一时冲动,我花了很大力气才使客人交纳定金,王先生,收下定金吧！客人想清楚后或受家人及朋友影响而取消交易的情况是很多的，所以请您慎重考虑。

4. 额外要求

倘若业主叫价 50 万元，客户出价 42 万元，我们可以先还 40 万元，再加上附带条款（比如赠送家电家具），此举业主必定拒绝，但房地产经纪人都必须这样做，反正还价 49 万元，业主都会拒绝。这样做的目的有四个：第一，打击卖方士气；第二，令房地产经纪人扩大议价空间；第三，令卖方感到压力；第四，令卖方主动降价。

5. 善用幸运号码

房地产经纪人懂得灵活运用一些成交数字，在谈判中能起到一定的作用，例如：如果客户认为 37 万元始终偏高，那么，363800 元的取价会更吉祥。另外还应多说一些吉利的话，用以缓和谈判气氛，以促成交易。

6. 使业主希望落空，继而主动求售

如果双方价格有距离，业主不能降价，房地产经纪人可尝试向业主告知客户在觉得谈判没有进展的情况下决定另选其他地方，但不是跟我们看的，而是跟其他地产公司看的，试探业主的反应。部分业主因客户目标改变而呈现焦急的心态，会主动要求我们尽量将客户拉回来的，为此，价格还可以再降一点儿。

7. 突然回价

业主有权在客户到价的时候反价，那么客户亦有权在谈价过程中回价的，例如：本来客户是还价 42 万元的，但现在我们对业主说客户只可以出价 38 万元，业主一定觉得很奇怪，我们可以解释为，原因是客户的融资问题，客户的能力问题或客户计算错误也可以，总之是房地产经纪人自己能控制谈判局面。

8. 偏向强势一方

若业主的态度比较强硬，则在客户方面着手迫价，相反，在业主方面着手迫价，双方虽然在价格上有距离，但都有坚定的目标：一方想买，一方想卖。房地产经纪人从中寻找双方的弱点下功夫。

合同签订莫轻视

合同的签订及各种款项的支付是房地产经纪人销售工作初步完成的标志。在合同签订时，一定要表现出经纪人的专业，让客户产生信任感；经纪人一定要坚持自己的立场，不要轻易做出让步，尤其是原则上的东西；经纪人要善于引导买卖双方，在谈判中一定要掌握主动，控制谈判的节奏，让客户的思路始终跟随经纪人。同时，经纪人尽量避免谈一些无关紧要的话题，要抓紧时间；在签单过程中，不要让买卖任何一方感到经纪人有偏袒，要客观地说一些事情，否则就可能发生冲突；切忌让买卖双方达成共识，矛头一起指向经纪人；在签单过程中，不能让买卖双方单独在一起，这样很容易跳单，在出现僵局时要将买卖双方分开说服。

1. 签约前的准备

（1）明确双方异议所在，争取事先沟通好，房地产经纪人要积极帮助双方寻找解决办法。

（2）房地产经纪人要设计谈判过程，把握谈判进度和强度，避免双方因重大分歧而发生严重的争执。

（3）为交易双方准备好合同文本、收据和签字笔，并要求双方带齐各种证件。

2. 证件审查

需要认真审查的证件包括：房产证、身份证、户口簿、结婚证等必要证件；房地产经纪机构也应出示营业手续。

3. 合同文本讲解

房地产交易合同属于专业合同，一些合同条款需要由房地产经纪人向双方进行必要的解释。房地产经纪人要向买卖双方讲解签订合同的意义，简述买卖手续办理的整个流程及合同中与之相关的条款，并向买卖双方讲解重点条款，包括双方责任义务、违约条款、违约金、滞纳金、付款方式等。讲解后让双方再确认合同，若无异议，房地产经纪人即可正式填写合同。

4. 签订合同的细节

（1）合同的填写应用钢笔或签字笔，涉及钱款金额的数字应注意大小写。

（2）合同中关于"房屋所在地"、"业主的姓名"等有关物业基本内容的栏目必须和房产证上注明的一致。

（3）合同的签约人必须是合法的当事人，属于委托人代签性质的，必须出具相关的委托书。

（4）合同的签约日期及生效日期一定要注明。

（5）在合同填写完毕后，买卖双方及房地产经纪机构签字盖章。

收取佣金：至关重要的一环

1. 提前预防，约法三章。在带看前约法三章，有言在先，签好《带看协议》，并告诉客户：我们公司会给您提供专业的服务，不成交不收费，但是如果成交，我们要按照公司规定的比例全额收取中介费，不打折。讲清后客户签字确认，就变成承诺了，因为提前给其"打了预防针"，有言在先，客户基本没底气再对中介费要求打折；每次客户要求经纪人仔细计算该房屋的费用时，要明确列出中介费的费用，不能含糊带过或与其他费用合计在一起；在交易前要算准任何一笔交易税费，大到营业税，小到权证登记费，都不能有差错，如果计算出来的费用低于实际所缴纳的费用，客户肯定会在佣金上大作文章。经纪人面对客户的时候必须统一口径"中介费肯定不打折"，而且语气要硬气一些，否则客户肯定不死心。

2. 服务过程力求做到"无可挑剔"。不断提升我们的服务质量，改进服务态度，别让客户找到打折的"把柄"和服务瑕疵。在服务过程中竭力做到"完美服务"，让客户及房东都无法挑出毛病，这样客户享受服务的满意，达到了既定的目的，再要求佣金打折时会"自知理亏"。可以告诉客户：我们公司打折只有两种情况：第一是老客户非首次购买，买得越多折扣越低；第二是客户对我们的服务不满意。如果您对我的服务不满意，您尽管可以讲出来，我以后一定注意改进。

3. 强调打折程序艰难。如果客户坚持要折扣，而又不能说服他，那就增加他折佣的难度。告诉客户：我是没有这个权利的，按照公司规定，首先要客户写一份关于为什么折佣的申请报告，然后销售经理签字审批，3个工作日后副店长签字审批，3个工作日后店长签字审批，3个工作日后区域经理签字审批，3个工作日后分管副总签字审批，6个工作日后总经理签字审批，3个工作后公司财务调查签字审批，最后办公室还要登记备案，如果为了一点半点的折扣，太麻烦了，而且最主要是会影响您的交易时间。

4. 小用"苦肉计"。这也是比较常用、比较好用的方法，但要注意辛苦度是前提，不要乞求式地要钱，要注意把握度，不能过。可以告诉客户：我给您找房子，带您看房子，和房主讲价，再加上后期的手续跟踪等，每天风里来雨里去，老板本来给的提成就不高，赚得很少，您要再打折，我们就没什么赚头；申请的时候，领导会问原因的，弄不好领导会认为我有问题，公司会对打折情况进行调查，弄不好会让我丢掉饭碗；我现在就差一点儿业绩就晋级了，您真的忍心让我降级？一个新人，一无所有，又交房租又得吃饭，辛辛苦苦每天起早贪黑就为了赚这点儿钱，您说我要是光靠着那点儿底薪连饭都吃不上了，您比我成功，但我想任何人都会有困难的时候，您就设身处地，理解我一下吧；既然我的服务没有问题，如果您要折佣的话，公司一定会认为是我的服务不好而处罚我，您也不希望我这么努力反而受到处罚吧？

5. 不要轻易透露买卖双方的底线。在谈判的过程中，比如房东最低的卖价是100万元，而客户的最高出价也是100万元，经纪人掌握了这个底线，也不能觉得就大功告成。因为只要任何一方价格有变动，比如房东涨价，这个时候怎么办呢？在压不下房东价格或者提升不了客户预算的情况下，结果只有两个：要么谈不成，要么佣金打折。所以底价永远不要透露给客户，客户的最高预算也永远不要透露给房东，你跟房东杀价到 100 万元全包，客户出到 100 万元时依然坚定地说不行，要让客户出得比这个价钱高；客户出到 100 万元的时候，告诉房东客户只出价 97 万元，要让房东降价到 97 万元，这样的话你的手上就多出了 3 万元的价格空间，签《意向书》或《买卖居间协议》的时候，在没有价格及费用差距的情况下，放给其中的一方或者双方，让自己做好人，房东或客户都很感激，就不会提及佣金打折的事。

6. 把附属物品作为谈判筹码。家电、家具、小房、地下室等附属物品，对房东一定要求赠送，对客户绝对不说赠送；在谈判的关键时期，可以作为重要的砝码拿出，这样可以加深客户对你的感激，而不至于要求佣金打折。

7. 使客户理解大品牌公司费用高是正常的。告诉客户：我们是全国性的正规公司，所有的分店都是统一的收费标准，和小公司不一样，如果连收费标准都随便定，那不是显示出管理的混乱吗？我们公司严格规定只收中介费，不允许赚差价，其他小中介公司可能在中介费上给您打折，但由于从中吃了差价，其实您还是吃了亏；现在确实有的小中介公司可以给您打折，但您要知道，现在有很多中介公司连员工的工资都拖欠好几个月，运营已经很困难了，这样的公司只能主动通过中介费打折来招揽业务，这些公司您都不知道他们什么时候会闭店，还敢在他们那儿做吗？同时告诉客户，大的公司所需要的运营成本高，除了一线业务人员，我们的品牌推广、财务、行政、市场等方面的后台人员也很多，本身收取的比例就很低，如果都打折，公司很难正常运转。

二手房过户三步走

第一步：网上签约

为进一步规范二手房交易市场，现在大多数城市的二手房交易都实行网上签约。网签后房资质经过核实会更加可信，房源信息也更加可靠，防止一房二卖等恶性事件的发生，同时交易过程全部信息化后，可以缩短买卖双方交易递件的时间。

网上签约和以往买卖双方在中介公司签订售房合同的程序有很大的不同：首先，存量房买卖双方要协商合同的相关条款内容，随后，操作人员登录存量房网上签约系统，从已公示的房屋信息中选取所交易房屋，在线填写买卖合同的有关内容，并填写《存量房交易结算资金划转协议》或《存量房交易结算资金自行划转声明》。填写完成后由买卖双方自行设置合同查询密码，操作人员进行网上提交；买卖当事人和房地产经纪机构签订的房地产经纪合同须作为《存量房买卖合同》的附件一并提交到系统中。在合同提交完毕后，操作人员从系统中联机打印《存量房买卖合同》，还有《存量房交易结算资金划转协议》或《存量房交易结算资金自行划转声明》。合同提交后可从网上打印《转移登记申请表》，当事人进行签字盖章后，可持申请表及其他相关材料到房屋权属登记部门办转移登记手续。

第二步：办理贷款、完税

如购房人需贷款，可向银行申请贷款，待贷款审批通过后，买卖双方到税务部门办理完税手续。二手房交易环节的征税实行两头征收模式，不仅要对买方征税，还要对卖方征税，包括土地增值税、个人所得税、印花税、契税等。其中，卖方需要缴纳的税有土地增值税、个人所得税、印花税，买方需要缴纳的税有契税和印花税。根据房屋种类的不同，所交税费有所差别。

目前，二手房税费国家是按照普通住宅和非普通住宅两种标准进行征收的，各地对普通住宅和非普通住宅的划分标准不太一样，所以在了解税费政策前，先应搞清楚自己的住房是普通住房还是非普通住房。济南非普通住房的标准必须同时满足以下三个条件：住宅小区建筑容积率在1.0以上，由济南市规划部门确定；单套建筑面积在144平方米以下，单套建筑面积以房屋所有权记载房屋面积为准；实际成交价格低于同级别土地上住房平均交易价格1.44倍以下，同级别土地上的住房平均交易价格由相关政府部门测算、公布，如所购房屋所在地区住房平均价格为10000元／平方米，房屋售价在14400元／平方米以下，则满足此条件。不同时满足上述三个条件的住房为普通住房。

第三步：房屋登记手续

交易双方完税后，持办证资料到房产大厅受理窗口办理房屋转让登记手续。由受理科工作人员审核限购资料及登记所需其他资料。符合登记条件的进行登记受理或预受理；对于不符合登记条件的，告知交易双方不予受理的理由。审核通过，记载于登记簿后核发买方房产证。

在办理二手房过户时，需要提供登记申请书、登记人身份证明（申请人为个人的，为身份证；申请人为单位的，为营业执照或者法人登记证）、房屋所有权证、网签协议、交易资金不予托管证明或者资金托管证明、各税种完税证明。

交房手续办齐全

1. 结清水表账单

大多数的房产上下家不需要办理水表过户手续,但在交房时根据买卖合同的约定,双方须要进行抄表读数,并按实际的抄表数由业主结清所欠费用。建议买方在交房前询问卖方是否已付清水费,交房当日要求卖方携带好近期的水费账单,并可以向相关部门查询该房产已往的水费欠缴情况。

2. 告知电表状况

按规定,凡发现私自装拆电表箱、私自开启封印、擅自改变计量装置等行为均属违章行为,违者按违章用电处理。因此,在交房时建议买方亲自查验电表是否有移动改装的痕迹。在实际操作中,新建商品房的电表户名基本为业主本人或是开发商名字。在办理交房手续时除双方核对电表读数外,还须双方携带本人身份证件、房产证等前往所在地电力营业厅办理电表过户更名手续,并结清该电表的所有欠费。

3. 协助煤气过户

按照煤气公司的规定,上下家必须凭《房屋买卖合同》其中须写明本房价已包含煤气设施费或该煤气设备无偿转让的证明文字,以及上下家的身份证、上家近期的煤气费账单,双方亲自到燃气部门办理过户更名手续。对于没有约定或约定不清的,燃气部门将拒绝办理。

4. 协助有线电视过户

有线电视实行一户一卡制，如遇上家拖欠费用的情况，时间一长，有线电视管理部门会做封端处理。因此在交房时买方可要求卖方提交交房当年的有线电视费收据凭证及有线电视初装凭证。买方凭上述两样资料和新的房产证，到房屋所在地的有线电视公司办理过户手续。

5. 结清电话及宽带费用

如果买方无需延用卖方的电话号码，则上家可以去电信公司注销或迁移该号码，然后下家另外自行申请安装电话。如果买方需要延用卖方的电话号码，则买卖双方一起到电信部门办理过户手续，并以交房当日为准结算话费账单。至于宽带费用以交房当日为准并以上月账单结算。

6. 物业更名及结算物业管理费用

买卖双方到房屋所在地的物业管理公司办理，以交房当日为准结算物业管理费，并一定通过物业或者热力公司核实清楚以前的暖气缴费情况，有时房主以前一直没有采暖，但是按照规定，不采暖也要缴纳一定的管道占用费，所以一定要核实清楚。

7. 清点二手房钥匙

二手房原房主交给下家的钥匙包括：二手房房间钥匙、单元大门钥匙、防盗门钥匙、地下室或小房钥匙、信箱钥匙等。把钥匙全部要过来，同时，对于入户防盗门进行钥匙更换。

8. 签署《二手房买卖房屋交接书》

《二手房买卖房屋交接书》应将上述各方面的内容以文字的形式固定下来，双方签字、按手印，一式两份，双方各执一份。签署《二手房买卖房屋交接书》的法律意义在于证明原房主将符合合同约定的房屋交付给买房人，交房的时间点也就是签署《二手房买卖房屋交接书》的时间点。如果不签，二手房买卖双方将来可能会对何时才算是交房时间产生争议，进而影响到双方违约责任的承担。如果在还没有办理完手续就签署，则意味着买房人未验收就已经认可房屋符合合同约定。因此，签署《二手房买卖房屋交接书》是二手房交房手续的最后一道程序，不能先签署再验收。如果在对房屋验收时发现某些方面不符合合同的约定，应将问题写在二手房房屋交接书上面，予以注明，为将来追究房主的责任做好证据上的准备。

售后服务做充足

客户办理完手续,交接房屋之后,一个月之内要对双方进行回访。所谓售后服务是指签单之后为了维护客户利益而采取的各种行为活动。良好的售后服务是树立企业品牌和传播企业形象的重要途径,也是企业的竞争力之一,同时售后服务本身也是一种盈利方式。好的售后服务能带来更多的衍生业务。回访内容包括对经纪人服务的评价、居住情况、是否需要其他帮助等。如果客户对服务认可满意,则恳请客户做"转介绍",最后对客户表达谢意。

经纪人售后服务应该掌握市场最新的动态,懂得基本的服务技巧;留心聆听,发现需求;常常留意表现的机会;生动有趣的表达;做好售后服务,要建立健全客户档案;提升素质,加强客户沟通;积极主动服务回访客户。

很多房地产经纪人会感觉很困惑,不是不想提供售后服务,而是不知道应该如何为客户提供服务,其实售后服务并不是说非要给客户做点什么具体的事情,任何对客户有帮助,或者可以让客户感到温馨的话语或行动,都可以说是售后服务的一种形式,在日常工作中我们很多经纪人认为,只要双方签了合同,我们收取了佣金,就不关经纪方的事了。其实这种想法是不正确的,因为后面还有很多售后工作,要做好售后服务可以从以下几方面入手:

1. 帮助客户解决疑问

客户虽然购买了房子，但未必心里就踏实，房产交易过程中会遇到各种各样的突发情况，当他们遇到事情找到你的时候，千万要耐心、细致地帮助客户解决烦恼，因为客户把你当朋友才会向你咨询，如果你能认真对待，客户一定会对你印象深刻，当他身边同事有房产方面的需求时一定会找他咨询，到时候他自然会向你推荐，"鸡生蛋、蛋生鸡"的情况就会发生。

2. 与客户经常保持联系

"人脉就是钱脉"交易结束后，要时常与客户保护联系，加深客户对你的印象，作为房地产经纪人，我们经常接触很多客户，其中不乏一些明星、政要、商业巨子等，如果能把每个客户变成自己的朋友、熟人，对自己的未来一定会有很大的帮助，否则只能每日为开发新客户而忙碌，每天都在新的起点上。我们应该如何与客户保护联系呢？其实很简单，平时节假日、客户生日、生病或者对客户重要的日子打个电话，发个短信或 E-mail、贺年片等，闲暇的时候约客户出来聊聊天、喝杯茶、爬爬山、钓钓鱼，根据客户喜好选择一些体育项目等，一定会让客户感觉亲切友好，当然对于客户的问候要真心实诚，不要让客户感受到强烈的功利心，因为没有人愿意和一个另有目的的人交往。

3. 了解客户需求及爱好

一方面，你在与客户沟通时会有更多的话题；另一方面，你甚至可以帮到客户，因为你是销售人员，你手上拥有更多的客户资源，如果你的一个客户是律师，而你的另一个客户刚好有法律方面的需求，你可以大方地让他们进行联系，如果真帮到他的话，他肯定会心存感激之情，随之而来的便是客户带给你的回报。不要以为客户都是神通广大的，他们也是普通的个体，他们也需要各方面的朋友和各种服务。

4. 记住一些重要的节日

客户搬家、成交满一月、客户的生日等这些重要的时间节点，是回访客户的绝佳机会。这样不仅说明你是一个有心人，而且也有可能发现他某些方面的置业需求。

5. 细分自己的客户

要做好与客户长期沟通的计划，细分自己的客户，把与之联系的频率、重要性等区分开来，通过自己的需求将之细分，然后适时地进行相应的沟通。

6. 更详细地了解自己的客户

有条件可以完善自己的客户网络，让自己的客户流通起来，达到多赢、互赢的目的。聪明的经纪人会利用自己的客户资源为自己创造更多的利益，而让客户为你创造更多利益的前提是你为你的客户创造了多少价值。当客户为你创造更大利益的时候，他们就会成为你取之不竭的资源。

7. 充分利用公司平台

通过公司举办的一些较高层次的活动，邀请自己的客户参加，同时多抽空参加一些目标客户群的社交活动，这些都有益于你日后工作的开展。

发展一位新客户的成本是挽留一位老客户的 3～10 倍；向新客户推销产品的成功率是 15%，而向老客户推销产品成功率是 50%；如果将每年的客户保持率增加 5%，利润将达 25%～85%；60% 的新客户来自老客户的推荐；20% 的客户带来 80% 的利润；所以一定要重视老客户的维护，做好售后回访和服务。

第四部分
掌握技巧速成交

留给客户最好的第一印象

1.第一印象是被接受的头一关。要常使用恭敬语,以建立自己的礼仪形象,要以不卑不亢、与人为友的态度建立良好互动的人际关系。先营造友好礼貌的气氛,再使用肯定的话语赞美你的客户,大声告诉他这个项目的服务会给他带来很多好运和乐趣。"一请、二谢、三代劳、四热忱、五祝福",是使用敬语的具体表现;坐、立、走、跑都有其姿势,并与整体穿着配饰协调。双手捧物、座位安排、起立答询、握手问好、交换名片等都要恭敬,距离合宜。

2.好的仪态也是恭敬的表达和延伸,微笑是表达恭敬的一项强有力的手段,是万国共通的语言。适时微笑,笑得要自然。笑常常可以给自己和客户带来好运。微笑可使人心情舒畅,压力释放,使情绪和缓,也易建立友好气氛。当人心情愉快时,一切都好谈。

3.对客户有关的弱点、缺点要采取"三不"主义,即不看不听不批评,对竞争者也不要诽谤,对自己也不过度吹嘘,唯有赞美他人才能表现自己的高贵。

4.第一印象常会形成刻板印象。常犯的错误是"恭而不亲",因此,要研究诚恳而亲切的艺术。若在初次见面时,充分使用恭敬语,则第一印象必定是正面的。第一印象若是正面深刻的,则易有好结果。反驳、辩论,语气强硬,只会使彼此疏远。

5.不要忘了向介绍人或再推荐的客户予以道谢、回礼。

6.尊重客户的隐私权,不要有意无意地注视客户的私人用品。

7. 不要因为已经和客户熟悉就过分表示热情，不稳重或放松自己，不重视小细节，人的心中皆渴望受到重视，主动为客户着想，无论客户背景如何，一律予以尊重重视。

8. 真心诚意的恭敬语才有情感，有情感才有力量，没有情感是不会成为一流销售员的。

9. 牢记客户姓名，赞美其姓名的特殊优点，但不要牵强。

10. 注重自己心态的转变，心态变，态度就会变；态度变，行动就变；行动变，习惯就变；习惯变，性格就变；性格变，命运就变；命运变，人生就变。

掌握谈判的核心要领

接待客户时，如果你的对答模糊不清或者不能准确表达自己的意思，就很容易引出误会或麻烦来，使顾客对你的信心产生怀疑，这种情况当然十分糟糕。为了避免此类情况发生，你要学会选用适当的言辞表达自己的意思。

说话措辞要小心，切勿使用过分严厉的语言。人与人的交往是很微妙的，只是一两句不当的话便可能破坏顾客与你之间的感情，待客态度方面最要紧的是，用恭敬有礼的说话方式与顾客交谈，不要使对方产生不愉快的感觉。自己想讲的话，用有礼貌的言辞清楚利落地说出来。

多些自我启发，说话时多加思考，加上平时多练习说话的技巧，说出话来自然会富有情理，语言精练，容易被接受。

首先，主动地与讲话者进行目光接触，并做出相应的表情，以鼓励讲话者。比如可扬一下眼眉，或是微微一笑，或是赞同地点点头，抑或否定地摇摇头，也可不解地皱皱眉头等等，这些动作配合，可帮助我们集中精力，起到良好的收听效果。

其次，有鉴别地倾听对手发言。在专心倾听的基础上，为了达到良好的倾听效果，可以采取有鉴别的方法倾听对手发言。通常情况下，人们说话是边说边想，想到哪里说到哪里，有时表达一个意思要绕着弯子讲许多内容，从表面上听，根本谈不上什么重点突出，因此，听话者就需要用心倾听，鉴别传递过来的信息的真伪，去粗取精、去伪存真，这样即可抓住重点，收到良好的效果。

再次，克服先入为主的倾听做法。先入为主地倾听，往往会扭曲说话者的本意，忽视或拒绝与自己心愿不符的意见，这种做法实为不利。因为这种听话者不是从谈话者的立场出发分析对方的讲话，而是按照自己的主观框框听取对方的谈话。其结果往往是听到的信息变形地反映到自己的头脑中，导致本方接受信息不准确、判断失误，从而造成行为选择上的失误。所以必须克服先入为主的倾听做法，将讲话者的意思听全、听透。

最后，创造良好的谈判环境，使谈判双方能够愉快地交流。人们都有这样一种心理，即在自己所属的领域里交谈，无须分心于熟悉环境或适应环境；而在自己不熟悉的环境中交谈，则往往容易变得无所适从，导致正当情况下不该发生的错误。可见，有利于己方的谈判环境，能够增强自己的谈判地位和谈判实力，事实上，科学家的实验也证实了人在自己客厅里谈话，比在他人客厅里谈话更能说服对方这一观点。因此，对于一些谈判，如果能够进入主场谈判是最为理想的，因为这种环境会有利于我方谈判人员发挥出较好的谈判水平。如果不能争取到主场谈判，至少也应选择一个双方都不十分熟悉的中性场所，这样也可避免由于客场谈判给对方带来便利和给我方带来的不便。

除了上述几个方面，在谈判中还要注意以下的细节问题：

1. 谈判前一定要事先准备，知己知彼，因为光凭直觉是比不过资讯分析的。

2. 态度要好，心态要正确，关键点往往不在于背后的内容和利益，而是相处的感觉和信任，这才是合作的重点。

3. 跟年长者谈应该尽量保持谦虚，但在谦虚中也要显现出十足的信心。

4. 绝不与没有决定权的人达成决议。

5. 不要过分高估对手,因为每个人都有缺点。

6. 采取面对面的沟通。

7. 开始不急于亮底牌,要进退有据,坚持到底。

8. 谈判要双方都能得到好处,这种交易才做得成。

9. 诱导对方先开口,因为他们提出的条件可能比你原来想的好多了。

10. 察言观色,要从对方的角度倾听他的心声,我们才有足够的资讯判断应对。

11. 谈判要勾起远景,描述理想,带动气氛,取得对方的信任,帮助对方往好处想。

12. 不耻下问,也切勿过分夸口,让对方认为是在吹牛。

13. 对事不对人,情绪化的反应是利害关系的杀手。

14. 换个角度再谈,也会柳暗花明。

15. 靠欺骗手段来谈判,只会让路愈走愈窄。

16. 不可处处紧逼、得理不饶人,交易是寻求互惠互利。

17. 要内敛,胜不骄,败不馁。

"能说会道"显功效

卖房子,有些人绩效很好,有些人绩效却很差,原因有很多,一个不可忽略的因素是运用良好的专业说话技巧,以及运用的适宜程度。在运用专业销售语言技巧上,要注意以下重点:

1. 业性与定整性。常使用举例、举证,以强化公信力;以肯定正面的方式来表达,使用完整句、标准句、有文学气息的话语及专业术语,使客户能获得充分的资讯,同时肯定你的专业形象、专业涵养及专业能力。

2. 词有讲究,语调应抑扬顿挫有变化。避免像背诵公文一样的呆板说辞。

3. 不与客户争辩,说赢客户不等于得到订单。多次强调客户所关心的利益、好处,使其感受强烈,印象深刻,勿用废字、俗字、粗字。

4. 注意轻松地商谈,心里轻松,交谈才不会变成负担,引用名人、伟人、权威人士的话语,可强化你的涵养,也能获得幽默风趣的效果。

5. 针对不同的人说不同的话,对于男性客户和女性客户,说话的方式会有所不同。

6. 不要轻易打断客户的讲话,有效倾听,做个好听众,有时比做个好的言语者更重要。

7. 商谈过程中,对客户的异议、宝贵意见,若无法当场回答,要记录下来,并尽速回复,重视客户情绪的变化,不要有太多可能引起误会的小动作。

8. 有情感的话语,才能做好有效沟通,没有情感是不能成为金牌经纪人的,有创新才能使人印象深刻,也才能真正激发需求欲,善用"而且"、"然后"、"那么"等连接语表达未来美好的前景。

9. 谈话时,专业术语可穿插在生活话语中,避免呆板。

带看常犯的错误及规避办法

1. 过于迁就客户。顾客买房时通常会比较谨慎和犹豫,这就需要我们进行推动,约客户看房时不要问"您什么时候有时间看房",这样问大部分都会得到同样一个答案:"有时间再约吧。"因而,约客看房时,我们一定要争取强势,直接问他:"你是上午有时间还是下午有时间?"尤其对一些热盘,如果约客户约得晚,就只能看着别人成交了(我们一定要把这些信息巧妙地传递给客户,让其产生紧张感,然后抽时间来看房)。

2. 当面不知如何沟通,胡乱吹嘘,不熟悉环境与楼盘。

3. 没有在看楼过程中了解客人真正的意图和所希望的价格、面积、户型。

4. 看楼时只做带位员,不会解说,到房屋里面不知讲什么,不知道业主姓名,不知道业主背景、放盘的原因。看楼后不送客,看完就走,没有向业主回复客户的情况。

5. 不守时。拜访客户,最忌讳的是不守时。要排开种种可能形成迟到的因素,如塞车、找不到路,必先要提前出门,宁可早到后以一种悠然的心情,整理好服装、仪容再去拜访客户。

6. 不守信。与客户约好时间碰面,必须经过再三思量,安排妥当;除非万不得已,绝不可更改时间。即使要更改时间、地点,也要尽早询求其同意,否则成交的比例就会大大降低。答应客户的事情,必定要做到"一言既出、驷马难追",这才是现代业务员应有的态度。

7. 仪容不整。拜访客户，首先必须给客户留下一个深刻而正面的印象。在服装仪容方面，要注意穿着合宜，女性不妨穿套装，略施脂粉；男性穿西装较为正式。得体的穿着，不仅可以建立其形象，还令客户有倍受礼遇的感觉。而不合时宜的穿着，则容易有懒散、不负责任、不重视客户的种种联想，身为一位现代的房地产经纪人，不可不切记！

8. 穿金戴银。什么样的场合，该有什么样的穿着，是礼仪的最高境界。在拜访客户时，宜以素雅清新的穿着为宜，切勿将金银珠宝全部佩戴在身上，易给客户有"暴发户"的联想。因此，一两样简单的首饰，甚至小小的别针、袖扣，确实会令衣着有画龙点睛之妙；若无法掌握分寸，还不如简单素雅来得实惠。

9. 挂一漏万。与客户面对面时，无论是见过面的客户或是首次谋面的准客户，你必定有许多相关的资料，如经纪人文件夹、名片等，都是必备的东西。出门前，必先仔细地检查一遍，千万不能给客户一种"办事杂乱无章、没有效率"的印象。如此一来，必折损你专业的形象。

10. 喋喋不休唱独角戏。开始与客户沟通时，可以扮演听众的角色，倾听客户的心声；最忌讳一坐下就开门见山地切入正题，并且喋喋不休地表达自己的意见，从不给客户发言的机会。如此，让客户觉得没有受到足够尊敬，再想改善彼此的关系，可谓难上加难。

11. 中途打断谈话。当客户正兴高采烈地表达自己对某件事的看法时，尽管你有再多不同的意见，或是认为他的观念有待修正，也要耐下性子，静静地让客户把话说完。绝不能中途打断，以一种极高的姿态、说教式地大肆批评；而是要给客户一种感觉：彼此是作观念上的沟通，而非刻意的针锋相对。

12. 喜怒形于色。如果碰到一位较难应付的客户，无论自己是否受到足够的尊敬，都要喜怒不形于色，表现出应有的风度。放宽胸怀、始终表现出诚恳的心意，必能赢得对方的称许。

13. 任意批评。批评的结果，不仅无法提高自己的身价，更对公司声誉有极大的损伤。

14. 一问三不知。面对客户询问有关房产方面的专业知识，此时，正是表现专业的最佳时机。除了依靠平日自我充实外，行前的充分准备也是重点。事前可将客户可能提及的问题一一列出成表，模拟回答的内容和技巧，才可表现得宜。但若迟迟无法作答，或是无法给客户满意的答复，想要促成，可谓难上加难。

15. 神情冷漠。业务员最忌讳给人"现实、一切只向钱看"的印象。拜访客户，要注意须时时表露出和蔼的笑容，尽管谈及不关正题的事情，也要细细聆听；不妨坐在客户身边，避免显得过于冷漠及生疏。

16. 交浅言深、过于热情。经纪人工作是一种为人服务的工作，必须掌握客户家中的经济状况、人员组成的种种详情，以有助于推荐更合适的房源。但切不可探究客户的隐私，不妨等到其成为正式的客户，彼此更加熟稔后，再进一步论及交情。

17. 杂乱无章法。事先的准备工作绝不能轻忽，更不能有"碰运气"的侥幸心理。现代人的时间都十分宝贵，要想在短短的时间里达到此行的目的，如：建立良好印象、达成共识，甚至促成交易乃至介绍客户，就要求行前订好自己的目标，构思自己此行该做什么、该说什么、该表达什么，免得一场约会下来，浪费了彼此的时间，想要再有一次机会，恐怕是困难重重了。

18. 油腔滑调。相信许多人都有这样的成见：总觉得许多业务员是油腔滑调，不达目的不肯罢休。因此，身为职业经纪人的你，莫忘留予客户诚恳的印象，油腔滑调将是最失败的。伶牙俐齿、得理不饶人，都无法给人信赖感，唯有"踏实坦诚"，才是客户衷心期盼的业务员特质。

19. 心不在焉。与人谈话，首重专心，业务员更不可例外。拜访客户，聆听客户谈话，一定要心无旁骛、专心致志，方能进一步了解客户的个性及其实际的需要。心不在焉，只会令事情功亏一篑。

20. 卫生习惯不佳。个人不良的习惯或动作，有时会不经意，或在紧张时流露出来。拜访客户尤应避免，至于口臭等涉及个人卫生问题，尤应特别留意。

21. 无精打采。业务员除了专业素养外，还要讲求饱满的精神。面对一个神情萎靡、精神懒散的人，往往令人退避三舍。尤其经纪人每天必须面临不同的挑战，拜访不同的客户，一定要神清气爽，才能进一步论及绩效。

22. 搪塞拖延。对于已成交的客户，业务员更不能降低原来承诺的服务品质。遇到客户疑难问题，不可借故拖延、打电话不回、拖延时间，这些不良的做事态度，都将在一定程度上影响客户的成交。

23. 时间冗长。事前与客户约好的时间，尽可能遵守，以免耽误彼此接下去的工作。一旦客户下逐客令方才恍然大悟，这种情境可谓十分难堪。因此，抓紧时间、提高效率，是自我训练的目标。

24. 忽略其他在场人士。拜访客户，常会约在客户的家里碰面。除了与客户详谈外，通常会有其家人陪同，此时，便是你展现巧思的时刻了，不可忽略其他的人员，让他们也觉得备受礼遇。如此，成功的契机便掌握在手中了。

这样的销售方式不可取

房产经纪人在面对客户的时候，最不应该出现的几种销售方式有：

1. 碰到客户，就沉不住气，一副急于出售的样子。

2. 对方一问底价，就以为即将成交，甚至自动惠于折扣；降价后，还征询对方是否满意。

3. 以低姿态打电话给客户，问对方下次什么时候再来参观，这是不战先屈己之兵，乱之始也。

4. 客户口说"不错"，就以为买卖将成交而乐不可支，以至言谈松懈，戒心解除，败之始也！

5. 未详加明察细考，就认定对方必然会买。这种自以为是、自我陶醉的心态，是基层业务员最常犯的错误。

6. 客户问什么，才答什么。这种由客户操控的一问一答，最容易使自己陷于被动的劣势。行销应该积极，而且采取主动。最高明的业务员主导买卖游戏规则。

7. 客户一来，就请他写个问卷调查，最容易让人产生戒心，徒增行销、谈判和议价的困扰。

8. 拼命解说销售重点，缺失反倒避而不谈。通常买方发现了，未必会说破，但购买意向却会立刻降到最低点。能以诚相待，自动点破轻微的小瑕疵，反而能取得买方的信赖。

9. 因客户未提商品缺点而沾沾自喜。这是一大失策，肯定是低劣的行销。

10. 切忌对客户的"异见"相应不理,甚至一概否决;应该设法婉转破解。你可以不同意,但决不可以忽视客户的观点。

11. 切勿有先入为主的成见,客户初次光临,就认定他不可能做决定,而掉以轻心。

说服客户的秘密

1. 利益汇总法

利益汇总法是在二手房销售当中最常用的方法。把先前向客户介绍的各项利益，特别是获得客户认同的那部分，一起汇总，再扼要地提醒客户，加重客户对利益的感受。同时向客户要求明确成交的意向。说服客户时，不要运用过多的专业术语，这样会拉远你与客户的距离。重复客户跟你提的问题，加强肯定，突出成交的利益。利益展示要具体化，将具体的数字展示给客户。不要直接向客户提出成交的要求，这会让客户犹豫，要帮客户圆场。

2. 讯息对比

（1）一手房与二手房对比。

（2）二手房与二手房对比（如大户型一般单价较低，小户型一般总价较吸引人）。

（3）行情对比。

对客户来说，最具说服力的并非你本人，而是你所掌握的资讯。

3. 自我认同

当你发现某产品存在缺点时，你是否仍然乐于推介给他人呢？每位消费者的价值观和消费观有所不同，作为专业的房产经纪人，应持客观态度对待任何楼盘的缺点，并以专业态度向你的客户进行推荐。

4. 善于部署

要懂得多跑几个来回，让客户感觉到你在不断为他争取利益。不要期望你的一个电话就使客户有较大的让步。在谈判中做好部署，会使谈判在你的掌握之内，最终水到渠成。

5. 以客为先

不要一味强调成交，忽视了客户提出的异议，否则，客户会感觉到你的最终目的只是佣金，而非服务。

6. 双方面谈

当双方的条件仍僵持不下、无法达成共识的时候，我们很有必要邀请双方到公司进行谈判，希望能争取最后的机会成交。但这样做会使我们的处境非常被动，因为当双方达成共识后，很可能会联合起来要求减低佣金的收费。而当谈判挫败，我们应提高警觉，要求双方当场签订放弃购买出售的协议，以确保我们的利益。

7. 断言的方式

如果经纪人员掌握了充分的房源信息和确切的客户情报，在客户面前就可以很自信地说话，不自信的话是缺乏说服力的。有了自信以后，经纪人在讲话时就会信心十足，如"一定可以使您满意的"。这类语言很容易使客户对你介绍的房子产生一定的信心。

8. 反复

经纪人讲的话，不会百分之百地留在对方的记忆里。而且，很多时候就连强调的部分也只是通过对方的耳朵而不会留下任何记忆的痕迹，很难如人所愿。因此，你想强调说明的重要内容最好能反复说出，从不同的角度加以说明。这样，就会使客户相信并加深对所讲内容的印象。切记，要从不同角度，用不同的表达方式向对方表明你的重点内容。

9. 感染

只依靠经纪人流畅的话语和丰富的知识是不能说服所有客户的。"太会讲话了"、"这个经纪人能不能信任呢"、"这种条件虽然很好,可是会不会只有最初是这样呢",客户的心中会产生以上种种疑问和不安。要消除不安和疑问,最重要的是将心比心,坦诚相待。因此,对公司、房源、方法和自己本身都必须充满自信心,态度和语言要表现出内涵,这样自然会感染对方。

10. 要学会当一名好听众

在二手房买卖过程中,尽量促使客户多讲话,而把自己变成一名听众。并且必须有这样的心理准备,即让客户觉得是自己在选择,按自己的意愿在购买,这样的方法才是高明的销售方法。

强迫销售和自夸的话只会使客户感到不愉快。必须有认真听取对方意见的态度,避免中途打断对方的讲话抢着发言。必要时可以巧妙地附和对方的讲话,有时为了让对方顺利讲下去,也可以提出适当的问题。

11. 提问的技巧

高明的谈话应以客户为中心进行。为了达到这个目的,你应该学会发问,经纪人自身素质的优劣决定了发问的方法及发问的效果。好的经纪人会采用边听边问的谈话方式。以客户的回答为线索,拟定下次谈话的对策。客户反对时,可以从"为什么"、"怎么会"的发问了解其反对的理由,并由此知道接下来客户的思想活动导向,从而制造轻松的谈话气氛。

12. 利用刚好在场的人

使用技巧把客户的朋友、下属、同事引向我方立场或不反对我方立场,会促进销售。事实也证明,让他们了解你的意图,成为你的朋友,对销售成功有很大的帮助。优秀的经纪人会把心思更多地用在怎样笼络刚好在场的客户友人身上,如果周围的人替你说"这套房子不错,挺值"的时候,那就不会有问题了。相反,如果有人说:"这样的房子还是算了吧。"这么一来,销售的难度就很大。因此,无视在场的人是不会成功的。

13. 用明朗的语调讲话

明朗的语调是使对方对自己产生好感的重要基础。忠厚的人、文静的人在做销售工作时要尽量表现得开朗一些。经纪人更应注意在客户面前保持专业水准,以明朗的语调与客户交谈。

14. 绝不能让对方的回答产生对自己不利的后果。

"您对这套房源有兴趣?"

"您是否现在就可以做出决定了?"

这样的问话会引发对销售人员不利的回答,也会因为谈话不能继续进行而出现沉默。

高手常用的成交方法

1. 富兰克林成交法

富兰克林是一个聪明人,他遇到问题举棋不定时,会拿出一张纸,从中间划一道,将"利好"和"坏因素"全都列出来,分析得失。你要承认这些缺点,但要以优点淡化缺点,当顾客发现购买产品的优点多于缺点时,他就会买。

2. 非此即彼成交法

"不是 A,就是 B"。记住!给顾客选择时一定不能超过两个,否则他会迷惑不解。可以这样问:"您是首付 20%,还是首付 30%?"

3. "人质"策略成交法

我的车出了点儿小毛病,空调声音不对劲儿,于是赶快送到车场。车场老板说:"看看吧,可能是小毛病"。第二天,我去车场,老板大声说:"禹先生,请看看你的车"。但见我的车被高架在空中,地下放着一堆零件。惊讶之余,只听车场老板说:"全修好得 8000 元"。无奈,我认了。在销售中,尽量说服客户缴纳一定费用。这样一来,客户连反悔的机会都没有了。

4. 单刀直入法

当与客户在价格、付款、户型和其他方面不能达成一致的情况下,你或者可以选择将自己的底牌亮给对方:"价格和档次是一样的,买房和买菜不一样,你不可能花 15 元/月的低价得到

ISO9002的物业管理服务,你别让我为难,我们主管也来了,最多9.6折。你实在不满意,咱们就交个朋友吧"。这是一种冒险的谈判方式,但却使交易能继续下去,因为压力是双方的。

5. 决不退让一寸成交法

房地产业不同于其他行业,它的定价,规则和内涵要丰富得多,都说"一生幸福与一次选择",没有听说过客户上来就要求5折的。因此,在价格上要一口价,决不退让,要退让,也得假装去请示,因为只有这样,客户才觉得你珍惜。否则让价太顺利,客户反而觉得有水分,不容易成功。

6. 家庭策略成交法

有人说,大家一起来买房时最难对付,七嘴八舌,不知所云。这是业务员没有用心。你一定要观察谁出钱?他买房的目的?是为儿女,还是为老娘?那个"影子"就是最有发言权的人。如:北京加拿大别墅位于京昌路B8出口,距离北三环路12公里,当时是1500美元/建筑平方米的天价。6月份的一个下午,刚下过倾盆大雨,两辆车载着一家子,为首的是一位老太太,来到中轴路的售楼处,我让两名业务员带他们去看房,这二位均是小伙子,一个半小时后,两名业务员回来了,那一家子没有跟着来。我很纳闷,他们是带了2万元定金来的,人怎么就走了呢?不是说老太太的家就在昌平南口,喜欢在这儿养老吗?两名业务员汇报说:"刚下完雨,小区道路还未修好,路不好走,老太太自己上去看的。"当时就把我给气晕了。我说:"傻小子!我派你们两个去干什么?不就是要你们做她"儿子",背着她进去看房吗?你们如果真的背着老太太进去了,她这260平方米的房子就卖定了,连个小姑娘都能做的,你们就做不到吗?"

7. 蜜月成交法

是指在一方（男方或女方）犹豫之际博得另一方的好感，由另一方说服犹豫的一方。这实际上是"战略联盟"，对年轻的夫妻尤为有效。如："你们不是在度蜜月吗？你们在一起真和谐、完美。你们结婚几年了？三年呀？好像还是在度蜜月。为什么不考虑把爱巢搬到这里来呢？只有这样的项目才会陪衬你们的爱情，温情脉脉、自由而浪漫"。虽然这样的话很肉麻，但要记住，人在受到称赞时是分不清真和梦的。

8. 恐惧成交法

这是一种用来创造紧迫感的压力成交法。这种成交法对那种心动而犹豫不决的客户最管用。推销之始你要用心，真诚地展示和推广主要细节，解答客户关心的问题，等客户心动了，就可适时使用这种方法。

9. 回敬成交法

回敬成交法是用问题来回答问题。好比你站在镜子前笑镜子里的你，而你也笑一样，当客户蛮不讲理或退缩时你就回敬他。这时你可使用疑惑不解的音调和略带吃惊的表情，客户会明白你要表达什么。

客户："在二环外，太远了！"

业务员："你觉得太偏僻了？"

客户："我是说离我家远了一些，我很难接受。"

业务员："你很难接受了？"

客户："另外，价格太贵了。"

业务员："太贵了？"

客户："我付不了这么多首付款。"，

业务员："我理解，您为什么不做按揭呢？"

10. ABC 所有问题解决成交法

ABC 成交法是最简单的成交方法。像 ABC 一样,它由三个问题(步骤)构成。当你平稳结束了推销过程,没有听到过多的异议时,可以使用这种方法。

业务员:"还有什么问题吗?"

客户:"有,比如:……"

业务员解答和解决完毕所有问题后。

客户:"基本没有了。"

业务员:"这么说你都满意?"

客户:"暂时没有问题。"

业务员:"那我就填合同了,你首付多少?"

11. "我想考虑一下"成交法

此方法也叫咄咄逼人成交法,如果客户说我要考虑一下,这实际上是一种借口,其真正含义是他还没有准备好。客户不想说是或不,他不想伤害房地产经纪人的感情,他想逃离压力,因为客户感觉到自己已经陷进去了,但还未得到更多的信息,还没有足够的信心。

12. 羊群成交法

你可以告诉客户他未来的邻居是谁,已有谁购买,已有谁入住。客户在"名人"和"同类"面前会迫于压力购买。

13. 第三者出面成交法

针对逻辑思辨能力强的客户,几个回合拿不下来怎么办?你不妨叫一位第三者:律师、工程师或者同行都可以,也可以建议客户自己带。在专业人士面前,你的规范、你的业务水平、你的公道会博得第三者的认同。第三者仲裁的结果:买吧,没错!

14. 以柔克刚成交法

至柔则至刚，从心理学上讲，女性在房地产销售中面对男子往往占据主动地位，因为女性的温柔给人以可信任感。在谈判中明显弱势方往往能占便宜也是这个道理，谈客户不是斗嘴，介绍要客观，让客户三分又如何？

15. 产品比较法

是指拿别的项目与之做比较。比较的应该是同档次房子或可替代的房子。切记！比较时一定将话留三分，不要用语言中伤别的房子，介绍要客观入理，这样，客户的心理天平才会倾向于你。

16. 坦白成交法

坦白成交法就是将房子的优缺点全盘托出："您看着办"、"我就有这份自信"、"没有必要隐藏缺点"。这种推销方法适合心眼小的客户，他们一定会惊讶而狂喜，为你的诚实叫好。

17. 感动成交法

你推销的不只是产品和服务，也是一种生活方式，一份感情。你在任何时候都应怀着"服务"的心态，一次次送资料，下班后还一次次等待迟到的客户。你还必须具有站在客户的角度分析问题的眼光，到了这个程度，客户只有感动的份了。一单进账，又赢得朋友了。

介绍房源的七个技巧

1. 少用否定句,多用肯定句

因为否定句往往是否定意见,让人听了会感到不愉快。例如:"八楼的房还有吗?"如果得到的答复是没有了,客户听了也许会想,既然没有了,那就算了。但有经验的销售人员对于同一个问题会回答:"对不起,八楼的房子已经卖完了,但九楼还有同样的户型,而且楼层更好,会不会更适合你?"这种肯定回答的效果往往比否定要好得多。

2. 恰当地使用"同一架构"

有经验的房地产经纪人常会在语言中使用"对……同时……",这样可以首先表示对客户看法的认同,从而避免客户产生抵触情绪,然后再讲自己的观点和意见,最后请客户给予意见。例如:客户提出客厅的面积不够大,这时销售人员应该说:"对,如果客厅再大些,的确气派,但是这样一来一定会有梁从房屋中间穿过,岂不是就很不美观了。另外,厅小一点其他房间就会大一点,这样会更舒适。"使用这种转折的说法,经纪人并不直接反驳消费者,有利于保持良好的洽谈气氛。

3. 不要一味掩饰缺点,用"负正法"技巧

有的经纪人在介绍过程中一味强调产品的优点,闭口不谈缺点,这样会给客户不诚实的感觉,毕竟再好的房子也会有缺点,有的缺点你不说客户也会很快发现,所以销售人员在介绍时,也可主动讲一些缺点,运用"负正法"建立信任。例如:"我们这个楼盘的缺点就是价格的确比其他楼盘要贵,这是因为精心的设计使楼盘的使用面积超过了80%,所以如果考虑使用面积的价格,我们的价格就比其他楼盘低!"这种先缺点后优点的介绍法,就是所谓的"负正法"。

4. 注意客户的反应,从而不断调整自己的介绍

经纪人在介绍的过程中,还要注意聆听客户的"声音",让客户感到你重视他,真正帮助他。经纪人切忌在介绍时长篇大论、喋喋不休,而应一边说一边观察客户的反应,及时调整自己的介绍方式。

5. 出奇制胜

经纪人利用人性的猎奇心理,采取新奇的手段扩大销售。市场环境在不断变化,销售方法也应创新,不可墨守成规,丧失推销机遇。

快速明确客户意向

经纪人在销售房屋时,往往碰到这样的问题,客户对房子已经有 70% 的认可度,但附近地区有一套相似的房子让他犹豫不决,而且这套房子在某些方面的确优于我们的房子。此时,作为一名职业的房产经纪人,该不该运用销售技巧卖出自己的这套房源呢?在任何谈判开始之前,首先要明确客户的意向,客户是否明确自己的选择,是否还在比较,是否还需要你进行再次的肯定。

1. 善听善问

当客户不善表达自己的意向时,我们可以通过不同方式向客户发问,从中了解客户的意向和需求。比如这样提问:

"您对房屋还满意吗?"

"房东人还不错吧?"

"您对这里的环境还喜欢吧?"

2. 找准时机落实诚意金

当带看完成后,如果客户还在比较,就很有可能对所有楼盘都失去购买欲。这个时候就该抓住时机落实诚意金问题。而当客户落实诚意金后,也不可将客户置之不理,应多与客户沟通,肯定他的选择,以免客户会后悔并终止成交。

3. 一次落实条件及要求

当双方对交易价格都不退让的时候,我们可先落实其他条件,并按照先易后难的原则,如先落实税费等。但这些条件必须在谈判之前以书面形式一次性落实好,以免在谈判过程中失利。

4. 引导清晰

当客户明确购买时,他希望对整个谈判及交易的过程有清晰的了解(即知情权),否则,他会对我们的流程设防。因此,在谈判过程中要让客户明白我们的工作程序,减少客户不必要的恐惧和设防。

销售的每一个步骤,客户都有可能提出异议;越是懂得异议处理的技巧,越能冷静、坦然地化解客户的异议。每化解一个异议,你就摒除一个与客户的障碍,就越接近客户一步。

房东议价十二法

成交前最重要的关键点，就是要议价，要常常与房主商量如何将房子顺利卖出去。要让客户牢牢记住"没有卖不掉的房子，只有卖不掉的价格"的观念。与房主议价时，可运用如下技巧：

1. 卡位

委托时预防议价，在委托的时候就要预防议价，也就是卡位。让房主感觉到他这个价格没有卖出去的把握，事先给房东打预防针。

2. 放鸽子压价

事先与房主约好带客户来看或者复看的时间，等1~2小时再通知房主，客户不来了，因为家里人商量后还是觉得价格高，以此来震撼房主的心理。

3. 市场行情（SWOT）分析法

S 优势：尽量掌握房子的卖点；

W 劣势：致命的缺点，例如格局、环境、房龄、屋况、装修等；

O 机会：利用时事政策、产业动态等利空消息抓机会；

T 威胁：告诉房东，市场上流通的竞争产品所带来的对房源销售的威胁。

4. 众相指责

由门店安排，带多组"客户"聚焦房屋，挑出房屋的屋况缺陷，如户型格局、采光、裂缝、漏水等。综合买方的立场反应和你的看法后,让房主产生心理压力,从而压低价位。可以与房主议价的12种"缺陷房型":

(1) 暗厅,采光差。

(2) 客厅视野差。

(3) 厅的形状不规则。

(4) 入户无过度空间。

(5) 餐厅面积过大或过小。

(6) 主卧面积小。

(7) 户内交通线路过长。

(8) 卫生间离主卧远。

(9) 功能分区不合理。

(10) 卫生间为暗间。

(11) 得房率很低的房型。

(12) 承重墙被业主动过。

5. 交错议价法

以别家公司的名义打电话,试探房东心理价位,从而达到议价的目的。

6. 大议单价,小议总价

当房型足够大的时候,我们可以议平方米单价;当房型比较小的时候,我们可以议总价。

7. 以租待售

告诉房主,可以将房子出租。房主会想:本来一个房源是卖的,但是经纪人却建议你出租,这是什么原因? 一定是价格高了卖不掉,所以只能出租了。进而分析未卖出产生的成本:利息、维修、水电煤气费、市场变化等。

8. 虚拟竞争

客户虽然比较喜欢这套房子，但是他也在考虑另外一套房子，那套房子虽然没有这套房子好，但是价格比这套便宜，所以客户现在比较倾向于那套房子。这样就给房主增加了紧迫感。

9. 同类相斥

准备好"特别资料"（同类房屋）做比较，打压房主的心理价位；可选择：A. 附近明星楼盘，标杆楼盘便宜的个案；B. 同行挂牌的同类型房源；C. 市场比较（纵向、涨跌幅等）。

10. 冷处理

冷处理，让房主自己觉得房源价格太高，无人问津。

11. 经纪人热处理

现场带上现金，以诱惑房主下定决心。

12. 轰炸法

这种方式讲究的是团体批次作战，一般是一家公司的店长要求所有业务员给某个小区的所有房主打电话压价，而且一人压一次，你提出的政策是真是假倒不是最重要的，关键是许多房主或许还互相认识；听得多了，房主就有点拿不准价格了。

提升网络客户来电量

随着互联网的普及，越来越多的消费者通过互联网进行房源的查询和了解。但现在网络房源越来越多，让人眼花缭乱，如何让自己的房源脱颖而出，吸引更多的人浏览，从而吸引更多的客户来电呢？从以下几个方面着手，会达到提高客户来电量的效果。

1. 上传有亲和力的个人照片

头像是经纪人留给网络客户的第一印象，越有亲和力的头像越能令网络客户产生信赖感。在很多时候，客户往往会根据自己的第一印象来选择经纪人，所以你上传的个人照片会在很大程度上影响客户选择你的概率。上传一张职业而又有亲和力的照片，能拉近你与客户之间的距离，让你赢得更多的客户资源，接到更多的客户来电。吸引客户打电话的个人照片标准为：微笑、自信、职业、画面清晰、背景干净，这样的照片才能让客户对你产生信任感和亲切感，从而给你打电话。

2. 提高自己的服务等级

服务等级是一个经纪人诚信度、专业素质、服务质量、业务能力的综合反映，你的服务等级越高，越容易得到客户的信任，接到客户电话的机会也就越多。比如，某网站的综合能力认证共分为十个等级，等级越高说明经纪人房源质量越高，活跃度越高，参加网站活动越多，在同等条件下，客户肯定会选择服务等级高的经纪人。

3. 展示自己的专业素质

展示自己的专业素质，让客户觉得你是房产方面的专家，增强客户对你的信任感，这样才能接到更多的电话。那么，怎样展示自己的专业素质呢？方法有很多，你不妨试试：多写、写好微信或者微博的文章，特别是市场分析和购房指导方面的文章；管理好自己的网店，让自己的网店井井有条；写好你房源的房评；多在论坛发表专业性的帖子，多回答网民的提问等。

4. 发布真实可信的房源信息

这是最关键、最核心的一点，目前网络上房源质量、房源信息的真实性决定了客户对你的最终印象，从一套房源的价格、图片以及自身和周边配套设施的描述中，应该让客户感觉真实有效，产生良好的印象，这样客户才会通过电话向你了解更多的情况。即使当前房源没有谈妥，他也会继续关注你的其他房源。当然，如果你的房源都是图文并茂的优质房源，户型图和室内照片特别清楚，客户对房源的兴趣就会提高，同时也避免了经纪人很多无效的带看。

5. 提炼好每一个房源标题

好的房源标题是吸引别人点击房源的第一步，也可以说是最重要的一步，现在的房源越来越多，呈爆炸之势，有抢眼标题的文章才会有高点击率。房源标题就是宣传房源的广告语，生动、客观、突出房源卖点的房源标题能够第一时间吸引客户眼球。房源标题要简洁明了，突出该房源的特点，可以把房源的小区名称、户型优势、价格优势等方面重点表达出来，同时还可以加上看房是否方便，这点对于急于购房的客户来说也是很重要的。比如：针对买房结婚的：要结婚了，买房，装修，这里可以一步到位；针对还在观望的：如果要观望，我建议您看完这个房子后再观望,一定不会让您失望;针对想要投资的:买房投资都请点击,本房有很大的升值空间;针对急售房的:周转急用钱,好房特卖三天绝不食言;针对小区环境好的:高档小区,人文荟萃,高品质的象征,豪华婚装;针对学区房:紧邻小学,为您的孩子插上梦想的翅膀;针对户型:南北通透,两卧客厅全南,户型非常棒,有户型为证等等。

6. 发布足够多的房源

房源发布越多,客户点击的概率越高。房源越多,被客户看到的机会越大,这是提高点击量的基础。发布房源时注意楼盘字要录入准确,如果字打错了,客户找房子的时候,你的房源就无法搜索到。

7. 有技巧地刷新房源

充分利用自己的刷新权限,尽量使自己的房源显示在前面;房源排得越靠前,客户点击越多。客户输入搜索条件搜索房源时,会出来很多页,但他们一般只看第一页和第二页,所以你的房源是不是排在最前面很关键。对于一些重点推荐的优质房源,要适当多安排刷新。

8. 建立良好的品牌形象

营销自己,是为了给产品打基础,同时也是在打造自己的品牌。要细心包装个人,留好联系方式,包括固定电话、QQ、邮箱、微信,使客户能够随时与经纪人取得联系。同时要写好座右铭,展现良好的精神面貌,简明扼要地介绍自己的从业时间、从业经历,以及主要负责的小区。同时要按照公司的要求,填写好公司资料,包括公司 Logo、名称、地址、简介、获得荣誉等,提高客户信任度。

进入顾客的"买房频道"

心理学的研究表明，人与人之间亲和力的建立是有一定规律可循的。人们总是喜欢那些和自己类似的人，喜欢那些和自己衣着及仪表类似的人，喜欢那些和自己兴趣、价值观、意见、情绪类似的人。即使没有意识到这一点，人们仍会喜欢那些和自己的肢体语言相似的人，并且配合这种人的行动。因此，利用一些技巧，我们并不需要经过1～2个月或更长时间建立与他人的亲和力，而是可以在5分钟、10分钟之内迅速建立。从相关心理研究的成果来看，以下几种方法对建立亲和力往往能取得令人意想不到的效果。

1. 情绪同步

情绪同步指的是你要"设身处地"地进入顾客的内心世界，从顾客的观点、立场来看事情、听事情，或者体会事情。多数房产经纪人都知道，每天面对客户时要保持旺盛的精力、自信、笑容满面等。是不是与所有的客人都这样就可以建立起亲和力呢？

有时，你碰到的客户未必也是笑容满面，相反，有些可能很严肃、循规蹈矩、不苟言笑。若要和他建立亲和力，进入其买房频道，你就必须表现得严肃一点，千万不可与他开些无谓的玩笑；有时你也会碰到一些比较随和、爱开玩笑的客人，你则要表现出类似的特质，这样较容易与他建立起亲和力。

有一次，一位经纪人同业主、买家一起签订三方合约，价格、交楼时间等各方面的条件都谈妥了，但有一个问题始终没有解决。就这个问题大家谈了半天，从早上9点谈到中午12点半还是没有取得任何的进展。于是经纪人就请经理出来帮忙，经过仔细询问，原来买家非常喜欢这套房子，他比较了一个多月的时间，终于下定了购买的决心。

签合同时，买家特意带上了妻子，以及刚从外地赶来的父母，一行四人一起来签合同。业主是承建商的代理人，该房是发展商抵债给承建商的。房产证及相关资料均没有任何问题，对于价格和交楼时间，买卖双方也一致通过。但在付款方式上，双方出现了分歧，买家的父亲要求把《房产证》全部过户到他儿子名下后，才开始付款（这种付款方式对业主不公平，也不符合交易手续，可能没有业主可以接受这种方式）。任凭经纪人怎么跟他解释，他就是坚持，并且说他的老乡刚刚买了一套房，就是这样办手续的。

经理递完卡片后，简单了解一下情况，赶快同这位买家的父亲解释为什么不可以这样，以及交易程序是怎样的，如何保证公平交易。没想到，这位买家的父亲越听越激动，竟然用手拍桌子说："不行！我老乡就是这样买房的"。在解释的过程中，经理发现原来签合同的是这位买家自己，不是他的父亲，他父亲今天只不过来看看，而且买家其实是明白交易程序的，只是他父亲坚持在一旁讲条件，他不好扫老人家的面子而已。

所以，看到这位买家的父亲拍桌子，经理也跟着拍了一下桌子，朝他父亲说："不卖了，哪有这样卖房的"。这位买家的父亲看到经理拍桌子，可能没估计到中介服务人员也会发火，也会拍桌子，顿时退后两步，不吭声了。这时，经理马上向这位买家道歉："不好意思！我刚才脾气没控制住，大了点，这样好了，我等下请你们吃饭，算给你们道歉。"然后再同这位买家谈购房程序，没聊几句,他就把合同给签了。

这里提醒一下经纪人朋友:当然,你不能第一次都学这位经理。因为,如果没有充分把握住对方的情绪,这一招可能会比较危险,并且,一定要有后半拍的道歉工作,以稳定顾客的情绪。

2. 语调和语速的同步

人类是通过视觉、听觉、嗅觉、触觉、味觉五种感官系统传达和接收外界信息的。人的沟通则主要通过视觉、听觉、触觉三种渠道。由于受到环境、背景及先天条件的影响,每个人都会特别偏重于某一种感官要素来接收处理信息。

视觉型:倾向于视觉的人,特别偏好以眼睛来感知周边世界,以视觉形象、图表的方案记忆及思考,说话较快,常带有手势。

听觉型:倾向于听觉的人,喜欢用耳朵来感知周边世界,同时在行为或表达上多用明确的文字或信息。

触觉型:倾向于触觉的人,他们依靠经验和感受来接收或传达信息,说话较慢,经常说"我觉得"。

在与顾客沟通时,要迅速建立亲和力,一定要与顾客的语速保持一致,同时,所用的词汇类型要尽量趋同于顾客的表象系统需要。

3. 生理状态的同步

肢体语言是人类沟通时传递信息的一种重要形式,有效地模仿顾客的肢体语言,也会增进你对顾客的亲和力。从镜面映像法则来说,顾客看见你时,就像看见他自己一样。因此,当你模仿顾客的肢体动作、表情时,他就会迅速接受。

此外,在模仿时,要避免双手抱胸(表示抗拒)与顾客谈话,也不要背靠椅子(这样不容易让顾客下决心购买),或做其他一些传递负面情绪或影响的姿势,即使有顾客这样做了,也不能模仿。

巧妙对待难缠的客户

难缠的客户有以下这些特征：

1. 固执的怪人。这种客户不关心解决问题，而是"为了投诉而投诉"。他们的座右铭是"我是对的，你是错的"。他们尽全力证明自己是对的，而对方是不合格的客户服务者。

2. 唠叨者。这种客户只会不停地唠叨。完全不理会什么解决方案，他们对表达自我有着异乎寻常的强烈需求。

3. 妄自尊大者。这类客户总是期望你立即放下所有的事情为他解决问题。如果你已经帮他把问题提交到处理程序中，他打电话过来催问的次数比一般人多3倍。

4. "我要找你老板！"者。这类客户遇到问题总是立即要求找你的主管，让你觉得好像自己是个白痴。"如果你不能给我想要的,那么我肯定你的老板会给我的。"他们总是问"你老板在吗？"或"你来这家公司多久了？"

另外还有一部分客户在遇到某些偶发事件和非常状态时很难缠。

当你遇到以上这些客户时，请采用以下三个步骤。

第一步，管理对方的期望。告诉对方需要等待一段时间，因为在他前面还有很多事情需要处理。在迪士尼乐园，如果前面排起长龙，那么计时器就会显示最后一位等候者玩上游戏需要等多久，而这个时间往往比真实情况多出10分钟。高级餐厅服务生在

在困难面前，回避的时间越长，付出的代价就越大。

点完菜后会说:"请您稍等片刻。"在酒店里,你会被告知:"您的房间将在 11 点整理好。"

第二步,给他一个理由。研究表明,人们更容易接受被告知缘由的问题,而很难接受连起因都不知道的问题。一家电脑打印机厂家的客服是这样处理一个投诉的:一个客户打电话抱怨打印机打出的颜色不对,这种情况已经持续 3 天了。客服代表告诉他是因为天气的原因,客户很不满意,他要求一个明确答复,什么时候可以解决他的问题。这时客服代表继续解释道,造成这种情况是因为打印机周围的湿气太大,如果他希望尽快解决这个问题,去购买一台空气干燥机就可以了。你能用这种简单易行的回答解决客户的一般性抱怨吗?

第三步,称赞他的耐心,感谢他的配合。当你感谢某人或者称赞某人的时候,你就打开了合作的大门。

除了难缠的客户,还有经常抱怨的客户和不讲道理的客户。当客户抱怨公司或经纪人时,首先要问清楚对方抱怨的原因,千万不要与之争辩,要答应回报改善,以缓和情绪为重。对他们的要求,尽可能给予范围内的保证,还要顾及他人面子。不要把责任推给公司或主管,当你批评你的公司或主管时,只会加深客户对你的公司和销售房源的不信任度。不要拖延处理抱怨的时间,不要害怕认错或道歉。维持一名客户,要比失去一名客户后再重新争取或另行开发一名新客户所花费的成本要低得多,所以要有效、成熟地处理客户的任何抱怨。切记,先一口承认抱怨者所讲的全部属实,待其情绪稳定后再逐项澄清。

暴躁的、不讲道理的客户一般都属于心直口快、没有城府的人,相对那些一言不发、城府极深的人更容易对付。所以不要担心。在客户暴躁和喋喋不休的时候不要轻易打断他,以免引起客户恼羞成怒。保持微笑的姿势和认真倾听的状态，表示自己理解他的想法，并做出认真记录的样子。了解客户的诉求点在哪里。同时可以使用一些小技巧转移客户的视线和重点。比如在记录的过程中要求客户帮忙拿几张纸，拿点小办公文具如订书机、涂改液等，并大声致谢，如此反复几次，让客户的情绪慢慢缓和下来。针对客户的诉求点以及他暴躁的原因，快速有力地说出自己的看法和建议，期待客户的反应。另外，在适当的时候适当地恭维一下客户，不要对客户的谈话不停地反驳，那样会使问题更糟。

　　客户投诉时首先要耐心倾听，让客户把话讲完；将客户的投诉意见记下来，不要急于辩解和反驳；不论客户是口头投诉，还是书面投诉，都要详细了解情况，做出具体分析。如果是服务问题，应采取措施答复客户；如果是我们的错，可根据情况，必要时请经理出面向客户道歉；做好投诉和处理过程的记录，防止类似的投诉发生。如果是房源问题，一定要和客户解释清楚，看看到底问题出在什么地方，是谁的责任，如果是其他方面的问题，看看问题是什么，有没有什么好的解决或者替代方案，但是不要轻易做出一些承诺，免得将来问题无法得到解决，承诺无法兑现，而使客户的怒气更大。同时可以将客户单独留在房间里，以使客户的怒气平息，但是时间不可过长，更不能长时间不理客户，毕竟，既然出现了问题，就一定要解决，否则于事无补。如果客户一定要投诉，那么请客户稍等，可以编造一些店长或者经理不在的小谎，并向客户保证，会传达给店长经理等上级领导，并请上级领导打电话向客户汇报，请客户放心，在此过程中，千万不要激化矛盾，不能以怒制怒。

◎ 顶层房销售有妙招

有位朋友的房屋面积 80 平方米，要价 55 万元，单价不到 7000 元，而同地段的房子平均单价都在 8500 元以上。按说这个房子有双气，装修也不错，应该很受市场欢迎，但就因为是顶层，房主本人几乎天天在网上刷新信息，同时委托给了多家房产中介公司，中介打广告的时候，如果不注明楼层，电话很多，一旦问清楚楼层，来实地看房的客户就少得可怜，已经一年多了，还是没有卖出去。顶层的房子就这么难卖吗？其实还是有章可循的。

对于房主，房产经纪人最核心的问题是要说服其定出合理的价格。两个极端的情况是，如果房子只有一元钱或者一分钱，几乎不用推广，肯定大家都争着抢着要；而如果房子比同地段价格高出几百甚至上千倍，那任凭你再怎么使劲，现阶段也是卖不出去的。所以没有卖不出去的房子，只有卖不出去的价格。房产经纪人要抓住顶层的劣势，狠狠地谈价，只有把价格圈定在合理的范围之内，才能更快地帮助客户将房子出手。一般情况下，顶层的房子要比该小区均价低 10% 左右，如果是阁楼，要低出 15% 左右。对于购房者来说，他们最担心的问题是顶层是否漏水，所以房产经纪人一定要说服客户做好屋顶的防渗漏工作，做到万无一失，以前有过渗漏的要及时修好，并且对室内进行粉刷，去除室内的渗漏痕迹。

对于购房者，房产经纪人要牢牢抓住其需求，顶层价格便宜这也是其最好的卖点，对于经济实力较弱的年轻人先买个顶层过渡一下也是明智之举。以本文开头的房子为例，如果买同小区同面积的非顶层房，要比顶层房高出 13 万元，这些钱完全可以买一辆中型轿车，或者进行投资，没必要押在房子上。

客户购买顶层房的最大担心便是渗漏问题，这是无法回避的。房产经纪人在销售时不要刻意绕过，同时要从技术层面掌握各个年代房屋的防渗漏技术和结构，用专业的解答让客户信服，必要时也可带客户到房顶实地察看。

楼高问题不可避免，这需要我们通过一些销售技巧和方法来引导客户。由于顶层位置较高，如果没有电梯，一口气上到顶层会很累。在上到三层或者四层时可以停一停，讲讲楼梯宽度、墙面粉刷工艺、楼梯窗的工艺等；给客户推荐六层时可以先带客户看四层，再引导客户上六层。相同的户型，只是高出一层，并且赠送阁楼露台，通过对比体现六层的实用性和性价比；可以带领客户到关系好的老业主家里参观装修的技巧，让客户对产品各部分的功能作用有清晰的认知；针对不同的客户家庭结构及兴趣爱好，建议不同的装修技巧风格。

其他顶层房屋的劣势，都是些"不痛不痒"的问题，若客户提到了，房产经纪人认真客观对答便可。顶层房屋的优势也很明显：一是视野开阔，让人神清气爽；二是私密性好，顶层经过的人少，比其他楼层更安静，少了很多噪声和嘈杂；三是无电梯的多层，顶楼可以爬爬楼梯，锻炼身体；四是采光通风好；五是蚊虫较少；六是由于经过的人少，卫生状况好，可利用的空间也较多。

房地产经纪人是将不同的产品推荐给不同的消费人群，我们首先要做的是对产品了解透彻，有绝对的信心，或许产品会有一些地方不能令你百分百满意，但是要清楚地知道，每一个产品都有适合它的消费人群，我们要做的就是将最适合的产品推荐给最适合的客户。销售顶层房时，也要看准对象，不要费时费力地去游说一对老态龙钟的老年夫妇，他们是不会考虑的。顶层房并非鸡肋，房产经纪人只要准确把握买卖双方的心理，认真分析顶层房的各种优缺点，掌握好说辞尺度，顶层房也会成为房产销售中的"香饽饽"。

房主突然涨价怎么办

在房价涨幅比较大的时期，房主跳价事件在二手房市场已经屡见不鲜。坐地涨价，宁可赔违约金也不卖房的例子数不胜数。当经纪人遇到这种情况时，应该怎么办呢？

一开始可以将房主拉到一个避开买方的地方劝导，不要说出"你卖的房子价格已经很高了"等类似的话，因为只要房主想涨价，肯定是经过了多方打听，所以你说他价格卖的足够高肯定会引起他的反感。告诉房主，正是由于中介的辛勤努力，才促使交易达成，这样做有违交易诚信原则，虽然买房的人很多，但要碰上一个合适的买主也不容易，我们筛选了大量客户才促成了这单交易。必要时，可以举出市场的宏观大环境来使房主改变主意。

经纪人可以告诉房主，他们对违约责任有着错误的理解，认为只需双倍返还订金即可解除合同。其实，签订买卖合同后，房主违约不卖，只要支付了定金，不管买家是否支付了房款，也不管卖家是否愿意承担违约责任，买家都有权要求继续履行合同。若卖家拒绝履行，买房人可诉至法院要求强制履行。

根据《合同法》的规定，违约责任包括继续履行、采取补救措施、订金、违约金赔偿损失等。卖方出现不履行合同义务的主动违约行为，应当承担相应的违约责任，买方有权选择要求卖方继续履行合同，即要求房屋过户，也可要求双倍返还订金或赔偿损失等。

其中赔偿损失包括"房价上涨的损失"。

  同时，告诉房主，自己会在按揭、过户等方面尽最大的努力，不让其利益受损，让房主觉得中介是站在他一边的。

有效潜在客户的遴选

"有效利用客户资源",要求不放过每一个可能购买的客户,需要挖掘每一个客户的价值;"准确把握潜在客户",要求学会放弃一些不可能发生购买行为的客户。

这里的关键在于如何把握潜在客户,是不是客户发出了一些诸如"你这产品不错,怎么卖啊","如果我现在买,要多少钱呢","现在购买有什么优惠"等信息时,就判定为"潜在客户"呢?答案是否定的!

首先,购买信号如果"断章取义",则往往可能会失去效用甚至误导我们。对于客户,他们在说出这些话或者提出一些异议时,并不代表他们真的想购买了,只是这时的机会更大了一些。这些信息现在往往被简单地当成成交信息,并且视之为珍宝,千言万语、千辛万苦就等客户说这句话呢!客户一旦将这句话说出来,马上开始促成,结果有时只能失望,将客户的兴趣立即打消,甚至将客户吓跑。所以,购买信号也有烟雾弹,不要雾里看花,准确把握客户的心理是关键。

潜在客户的判断有这样两个必然要素,并且需要同时满足才能称为潜在客户。第一,有需求;第二,有消费能力。道理再简单不过,一个客户,对产品或服务有需求,但没有能力消费,那么,他再有购买欲望,对不起,你都要选择放弃!其实,这种客户,要么成为现实客户,要么作为潜在客户,等待成交机会,是我们最喜欢的一类客户。

有需求、无购买能力的客户：千万不要把这类客户当成潜在客户，即使他表现出对产品的浓厚兴趣，也要保持清醒的头脑，因为你真正需要的是他口袋里的人民币。如果购买能力差距不是特别大，不妨保持联系做持续跟进。

有消费能力，但无需求：不要期望所有的客户都对你的产品感兴趣，即使他再有钱，如果你没有办法，他照样不会对你的产品感兴趣。对于这类客户的办法只有一个：以尝试培养需求为目的，如果无法达成目的，就放弃。

作为房产经纪人，效率是非常重要的，而效率的体现就是对于客户的准确判断与把握。每个人的精力都是有限的，不要对每一个客户都投入同样的精力，对每一个客户都说同样的话，对每一个客户都咬住不放。

陌生拜访的技巧

陌拜是指房产经纪人，为了寻找出售房源或者购房需求，不经过预约，直接到陌生业主家里拜访，询问是否有卖房或买房的需求，进而达到寻找房源和客户的目的，更加了解业主的房产情况和需求。

一个姑娘经过诸多的挫折，怎么也找不到成功的入口，很是迷茫。一次，她到美国旅游，在旧金山市政厅参观的时候，信步漫游到市长办公室门口，她不由自主地敲了门，谁知一个壮实威严的保镖走了出来，惊问道："小姐,我能帮你什么吗？"她愣住了，不知该怎样回答，愣了一会，心想，既然敲了门，那就进去看看吧。她精神十足地对保镖说："我能进去看看市长吗？"

保镖仔细地打量了她一番，说道"可以,不过,你得稍等片刻。"说罢，他用监视器和市长通话，联系见面的时间和地点。不一会儿，那个胖嘟嘟的市长，大腹便便地走了出来，很高兴地和她一直拍照、聊天，像一对神交已久的忘年交。那一次，她特别开心，心情很好。美国之行后，她悟出了一个道理："敲门就进去"。再后来，她终于找到了成功的入口。她就是央视《说名牌》双胞胎美女主持人之——马嵘乔。

"敲门就进去"是一种难得的精神，更是走向成功的敲门砖。否则，成功的入口永远在遥不可及的地方。长时间的坚持固然重要，但接近终点时的片刻决断，往往更为紧迫和珍贵。我们也许有长途跋涉的勇气，有长期吃苦的准备，但有时缺乏的就是"敲门就进去"的精神。

不断的陌生拜访会为自己积累大量的客户，只要拜访成功，其他相关工作也会随之水到渠成。但是对新人来说，去陌生拜访时面临着巨大的压力，遭白眼、受冷遇、吃闭门羹都算是轻的，谩骂、撕名片等都是司空见惯的事情。陌生拜访对于许多新人来说，就是一个棘手的障碍；许多人都会觉得无从着手。但是你又必须得逾越它。其实，只要切入点找准、方法用对，陌生拜访并非想象中那样棘手，拜访成功，其实很简单。

1. 开门见山，直述来意

初次与客户见面时，在对方没有接待其他拜访者的情况下，我们可用简短的话语直接向对方说明此次拜访的目的，比如向对方介绍自己是哪家房产公司的，最近我们公司开发了哪些比较优质的房源，公司为了销售开展了哪些活动等。如果是房东，就表明我们这边有很多客户急需他这样的房型，装修其他条件都很合适等。如果没有一番道明来意的介绍，那么对于一个陌生人来访，客户和房东都会反感和诧异，对于我们后面的工作就很难开展了。

2. 突出自我，赢得注目

有时，我们一而再再而三地拜访某一个房东或者客户，但对方却很少有人知道我们是哪家公司的、业务员叫什么名字、与之介绍过哪些房源。此时，我们在拜访时必须想办法突出自我，赢得客户或房东的关注。

首先，不要吝啬名片。每次去客户那里时，要和直接接触的关键人物联络，以加强对方对自己的印象。将名片发放一次、二次、三次，直至对方记住你的名字和你向他介绍的房源或者推荐的客户。其次，在发放宣传资料时，有必要在显见的地方标明自己的姓名、联系电话等主要联络信息，并以不同色彩的笔迹加以突出；同时对客户强调，只要您拨打这个电话，我们随时都可以为您服务。最后，以自己操作成功的案例告诉客户，买了这样的房子以后升值的空间很大。

3. 察言观色，投其所好

我们拜访客户时，常常会碰到这样一种情况：对方不耐烦地对我们说："我现在没空，我正忙着呢！你下次再来吧。"对方说这些话时，一般有几种情形：一是他确实正在忙其他工作或接待其他顾客，他们谈话的内容可能不便于让你知晓；二是他正在与其他的同事或客户开展娱乐活动，如打扑克、玩麻将、看足球或是聊某一热门话题；三是他当时什么事也没有，只是因为某种原因心情不好而已。当然，在第一种情形之下，我们必须耐心等待，主动避开；在第二种情形下，我们可以加入他们的谈话行列，以独到的见解引发对方讨论，以免遭受冷遇；这时，我们要能与之融为一体、打成一片；要有无所不知、知无不尽的见识；在第三种情况下，我们最好是改日再去拜访了，不要自找没趣。

4. 明辨身份，找准对象

如果我们多次拜访同一家客户，却收效甚微，例如价格敲不定、协议谈不妥等，这时，我们就要反思是否找对人了，即是否找到了对我们实现拜访目的有帮助的关键人物。这就要求我们在拜访时必须处理好"握手"与"拥抱"的关系：与一般人员"握握手"不让对方感觉对他视而不见就行了；与关键、核心人物要紧紧地"拥抱"在一起，以建立起亲密关系。所以，对方的真实"身份"我们一定要搞清。

5. 宣传优势，诱之以利

"利"包括两个层面的含义："公益"和"私利"；我们也可以

简单地把它理解为"好处",只要能给客户和房东带来某一种好处,我们就一定能为客户和房东所接受。"公益"要求我们必须有较强的介绍技巧,既放心又舒心,还有钱赚。这种"公益"我们要尽可能地让对方更多的人知晓;知晓的人越多,我们日后的拜访工作就越顺利:因为没有谁愿意怠慢给他们带来利润和商机的人。

6. 以点带面,各个击破

我们必须找到一个重点突破对象。比如,每家都有个主人,那就是做主的人,抓住这个重点人物,你就成功一半了,甚至还可以利用这个人的威信、口碑和推介旁敲侧击,感染、说服其他人。

7. 端正心态,永不言败

客户的拜访工作是一场概率战,很少能一次成功,也不可能一蹴而就、一劳永逸。我们既要发扬"四千精神":走千山万水、吃千辛万苦、说千言万语、想千方百计,为拜访成功而努力付出,还要培养"都是我的错"的最高心态境界:"客户拒绝,是我的错,因为我缺乏推销技巧,因为我预见性不强,因为我无法为客户提供良好的服务……",为拜访失败而总结教训。只要能锻炼出对客户的拒绝"不害怕、不回避、不抱怨、不气馁"的"四不心态",我们离拜访的成功又近了一大步。

8. 树立信心,克服障碍

做业务首先要对自己的产品和服务有绝对的信心,不然你没有多大勇气敲开客户的门,即使敲开了也没有多大勇气和客户沟通。最重要的是要克服心里的压力,一定要记住这句话:只要你没死就跟着。做陌生拜访需要勇气,尤其是第一次。许多人一想到待会儿就要和素不相识的人说话,就会觉得紧张和害怕。好像全身的血液流动都加快了。其实,这是很正常的生理反应,人也是动物,动物都习惯于生活在熟悉的环境中。一旦到了新的环境,不管是人还是别的动物都会觉得紧张。紧张是一种本能，紧张的作用就在于让人更快地适应新的环境。陌生人的介入，就好比带来了新的环境，因为你不熟悉他，所以紧张是很正常的。

9. 做足准备工作

不打无准备之仗是常胜将军的秘诀。服饰要根据交流地点和时间做出必要的调整，这能让你保持最佳状态；名片、笔、记事本、公司资料册、计算器、价目表、公司小册子等要准备齐全；注意外表，要求服装干净、整洁。男士一般要求穿西装、夏天不能穿拖鞋、短裤；女士要求不穿奇装异服，更不能穿着轻佻。要有礼貌并且保持微笑。

10. 拜访记录的填写非常重要

不管是国内还是国外的营销员，不管是高手还是精英，没有谁说自己不写经营日志就会成为高手，就会成为第一。如果自己不认真填写，与客户打电话聊天时很有可能想不起对方是谁，也不敢叫对方的名字。赶快回公司翻资料，半天才找到前段时间拜访的调查表。如果你把怎样认识客户，每次见客户的时间、地点，客户对你的看法，客户所说的话，客户所关心的问题，客户疑虑的问题，下次什么时候拜访等事项分门别类，都记得非常清楚，那么，不管客户什么时候，隔多长时间与你联系，你都能想起与客户第一次见面的情景，无形中拉近了与客户的距离。

陌生拜访开始是有难度的，但当今社会做什么不难？如果苦过累过以后有回报了，我们的技能就提高了，我们的综合能力就加强了，我们辛苦一个月，又有何妨？只要坚持陌生拜访，就一定会有成果，而且拜访的客户数与促成的客户数成正比，多半维持在一成左右，如果一天拜访20家客户，哪怕成功签单的只有2家，也是很可观的。这也就印证了一句话：无捷径，访量定输赢！

现在不玩命，将来命玩你，现在不努力，未来不给力。

给客户去电的最佳时间

打电话是很多房产经纪人日常工作中必须做的事情,但是打电话碰壁的现象却常常发生。那么什么时间是给客户打电话的最佳时间呢?

1. 以周为标准

星期一:这是双休日刚结束上班的第一天,客户肯定会有很多事情要处理,一般公司都在星期一开商务会议或布置一周的工作,所以大多会很忙碌。如果要联系业务的话,尽量避开这一天。如果我们找客户确有急事,应该避开早上的时间,选择下午会比较好一些。星期二到星期四:这三天是最正常的工作时间,也是进行电话业务最合适的时间,电话业务人员应该充分利用好这三天,这也是业绩好坏与否的关键所在。星期五:一周的工作结尾,如果这时打过去电话,多半得到的答复是,"等下个星期我们再联系吧!"这一天可以进行一些调查或预约的工作。

2. 以天为标准

早上8:30~10:00,这段时间大多数客户会在紧张地工作,即使接到业务电话也无暇顾及,所以这时经纪人不妨先为自己做一些准备工作。10:00~11:00,客户大多不是很忙碌,一些事情也已处理完毕,这段时间应该是电话行销的最佳时段。11:30~14:00,午饭及休息时间,除非有急事,否则不要轻易打电话。14:00~15:00,这段时间人会感觉到烦躁,尤其是夏天,所以，现在和客户谈生意不合适，聊聊与工作无关的事情倒是可行。

15：00～18：00，这段时间是我们创造佳绩的最好时间，在这个时间段，建议你用比平时多20%的工作量来做事情。

购房客户的类型

1. 盛气凌人型

特征：一般具有一定的权势或经济实力，感觉自己与别人不一样。经常趾高气昂，以下马威来"震慑"经纪人，常拒经纪人于千里之外，字迹潦草，经常和经纪人保持一定的站位距离，并不与你直面相对。好面子，喜欢夸大和自吹，一副得理不饶人的样子。

对策：这种类型的客户无非想让经纪人按照他的安排走，经纪人要稳住立场，态度不卑不亢，尊敬对方，适当地肯定或者恭维对方："这种房子最配您这种身份的人了。这个小区很上档次，比较适合成功人士。"以寻找他的弱点做聊天突破口，对于他的语言和说话方式不可露出反感和不耐烦的样子，不要起正面冲突。

2. 求神问卜型

特征：对于风水非常在意，常常带着风水先生或者咨询风水先生的建议，对风水似懂非懂。

对策：多看一些关于房产风水的资料，用现代科学的观点来阐释风水，不要被客户所说的风水学扰乱思维，谈话中要强调其个人的价值，比如命旺财旺等，但同时可以迎合这种人的行为，表现出专心听，很认同，做好引导。如果特别信这个，那就干脆成全他，找风水先生来决定，对风水先生也要尊重，并暗示以后还会有很多单子找他，使风水先生不至于起到破坏作用。

3. 畏首畏尾型

特征：缺乏购房经验，刚参加工作不久属于首次购买房产的，不易很快做出决定。

对策：找到客户不安和疑虑的地方，提出有说服力的证据，向客户介绍公司及品牌，让他安心。介绍房源所能体现的生活模型，用事实说话，经纪人的言辞和行动要坚决自信，给客户以购买的信心和安全感。

4. 神经过敏型

特征：容易往坏处想，干什么都忧心忡忡，凡是中介说的我都不相信。

对策：言行慎行，多听少说，神态庄重，加强说服工作。千万不要刺激他，多听他说，等他下决定，让他不要着急，让他再考虑，不要盲目逼他。同时对他身边的人多做工作，不要做过多的描述。

5. 借故拖延性

特征：个性迟疑，借故拖延，推三阻四，不说不买，也不说买，再考虑考虑，也接经纪人的咨询电话，但不明确拒绝。随意看看，不能立即决定。

对策：查明客户不能下决定的真正原因，通常原因不外乎是还在比较其他房源，或者资金匮乏等。如果实在无法下决定，可以先冷处理其一两天，同时做好促销，让客户感觉过了这个村就没有了这个店。

6. 斤斤计较型

特征：心思缜密，"大小通吃"，锱铢必较。老是想得到好处，这里想打折，那里想便宜。

对策：利用带看现场促销，以几批客户同时看房的销售气氛和"销售形势"向客户施压,力度相对来说稍微大一点,让步要缓慢,经纪人可以说:"哎,大家都像您这样买房这么精明,房东都要上吊了。您做生意一定很厉害吧,看您还价这么厉害。房东××万都没卖,现在××万都卖给您了,我真不敢相信。"让其有占了便宜的感觉。

7. 神神秘秘型

特征:出钱者通常不愿"曝光",不愿意让很多人知道。

对策:如果是金屋藏娇,决定权通常在身边的非正常关系人身上。重点照顾这个人,尽量不在单位和公共场合谈论他的购房计划或联系电话,不在房东和其他人面前曝光他的身份。对于各种类型的客户,我们一定要有针对性地投其所好,满足他的需求,有技巧性地应对,以不变应万变。

8. 小心谨慎型

特征:对你所说的话持怀疑态度,甚至对房源和你的服务也是如此。对于必要的回答,他也经常一言不发,常常因为一个无关大局的小事影响情绪。

对策:以亲切的态度交谈,千万不要和他争辩,也不要对他施加压力,介绍房源情况时,态度要深沉,言辞要恳切,带看时还必须关注他的忧虑,以好友的关怀询问他,例如,"我能帮助你吗?"在整个过程中要始终让他心平气和,通过几个细节的介绍尽快取得他的信任,增强他的信心,如果可以成交,应该"快刀斩乱麻",尽快签约,坚定他的选择。

客户心理特征细分析

1. 老年客户群体的心理特征

这一类型客户包括老年人、单身、鳏夫等，他们的共同点是孤独。他们往往征求朋友及家人的意见，以决定是否购买；对于经纪人，他们的态度是疑信参半，在作购买决定时，较一般人还要谨慎。老年人多在用钱时谨慎小心，不会过分地奢侈。

对策：进行说明时，言辞必须清晰、确实，态度诚恳、亲切，同时表现出对他们的关心，绝对不能施加压力，或者强迫推销，不妨花点时间与他们谈论生活问题。总之，对这类客户必须具有相当的耐心；最关键也是最重要的问题在于你必须获得他们的信任。

2. 中年客户群体的心理特征

拥有家庭，也有安定的职业；生活比较稳定，希望拥有更好的生活空间，注重未来；努力使自己及家人生活得更加自由自在，希望家庭生活美满幸福，因此极力为家人奋斗；自己有决定能力，购买房屋是为了改善居住条件。因此只要房源确实品质优良，自己又有购买意愿，一般都会购买。

对策：你应该和他们做朋友，使他们信赖你。你必须对他们的家人表现出关心之意，对他们个人予以推崇和肯定，并且说明房源的优点和前景，以及小区的档次和物业管理的水平。

3. 年轻夫妇客户群体的心理特征

在经济上感到拮据，但总是会在外人面前尽量隐瞒，憧憬美好的未来，虚荣心比较强，思想乐观，积极地改变现状，敢预支花费未来的钱。一般购房都是有父母资助，不是一次性付款，所以经纪人在介绍的时候注意按揭数字要详细准确。

对策：要诚心与他们交往，表现自己的热诚。介绍房源时，可刺激他们的购买欲望，必须考虑他们的经济能力，在做房源说明和介绍时，以尽量不增加他们的心理负担为原则。

4. 企业家的心理特征

心胸开阔，思想积极，比较开朗大方，通常很快就能决定购买与否。对市场的分析能力极强，对房产交易的实际情形了如指掌，对合同和条款也比较敏感。

对策：适当称赞他在事业上的成就，激起他的骄傲心理；介绍和带看的时候要热诚。

5. 政府公务员的心理特征

由于职业习惯，通常不轻易下决定，对经纪人有本能的抗拒，不愿意暴露真实的买房需求，比较低调，但是对房源的品质要求较高。

对策：用时间来争取他，锲而不舍地争取，但经纪人要拿出热诚，不要过于打探他的个人情况，可以稍微施加压力，但要循序渐进。

6. 医生的心理活动特征

经济状况良好，有强烈的占有欲望，经常以自己的职业和技术自我炫耀，有意无意地流露出自己的优越感，对经纪人有强烈的怀疑和戒心，心思比较细密。

对策：经纪人在进行房源和带看说明时，应该强调居住的使用价值；强调家的感觉，同时必须显露出你自己的专业知识和独特的品位。

7. 企业白领的心理活动特征

头脑精明，知识面宽，对经纪人比较傲慢，选择房源的心情是一个阶段一个阶段地变化，不愿意节外生枝。对于房屋的过户流程和合同条款比较关心，经常上网查找一些房源情况，对市场行情比较熟悉，经常在各个不同的中介门店和房源中选择。

对策：经纪人要表现出自信，相对恭敬，以羡慕的口气适当恭维他的职业或职位，在此基础上进行一系列的专业说明，他们比较容易动心。在介绍和带看时，要着重突出小区的环境、交通、生活设施和绿化景观的概念。

8. 技术人员（IT 行业工程师）心理活动特征

他们头脑中想的大都是理论，对数字敏感，感情不轻易外漏，对任何事物都想追根究底，思路清晰，不冲动，经常对装修等细节推敲，迟疑不定。

对策：房源说明和资料准备要详细，了解他的专业，在适当的时候向他请教一些专业问题。介绍房源的优点，客观地说出缺点，让他自己做判断。

9. 知识分子的心理活动特征

个性保守，典型的思想家，对经纪人的喋喋不休不予抗拒，对任何事物先予以思考再做决定，稳定而守成，对生活环境居住空间的兴趣有限，但不拒绝购买，时间较充裕，可以随时约看，对公司的品牌和经纪人的专业度比较在意。

对策：在交谈中，如果你能顾全他的自尊心，推崇他的渊博学识，并表示有机会愿意向他请教一些学识方面的问题，很快就能引起他对你的好感，从而进行下一步的销售和成交，从语言和行动上肯定他，详细介绍房子的方便舒适，比如环境闹中取静，书房放在哪里比较合适等。

10. 教师的心理活动特征

教师一般习惯于交谈，但思想保守，当他表述一些观点时，希望别人专心倾听，对细节比较在意，对于协议或合同字斟句酌，对于房源和周围的环境比较在意，希望资料和房源了解得越详细越好，容易左右摇摆。

对策：首先表现出你对教师这个职业的敬意，说说小时候怕老师或者被老师惩罚的故事，拉近彼此的距离。在你进行说明时，房源资料要详细，带看现场要细致，服务专业，不夸张，实事求是。

购房的七个心理阶段

房地产经纪人的从业过程，也是和客户进行一场心理较量的过程。要想尽快地成交，需要了解和掌握客户的心理。只有了解了客户的心理，我们才能知己知彼，百战不殆。在房地产交易市场上，我们先分析谁在买房？根据客户购买行为的心理分析，进一步认识客户的真正需求，从而达到我们销售的目的。客户需求的房源决定了我们的开发方向和商圈精耕模式。

1. 引起注意：在今天这样一个信息社会，如何让自己的商品引起客户的注意并不是一件容易的事。在众多楼盘的选择中，如何能够吸引住客户的目光和注意力，是销售人员需要思考的一个问题。

2. 产生兴趣：兴趣是成交的前提，如何在我们的产品中发掘出客户的兴趣点，就是能否始终吸引客户注意力的关键所在。其中，最有难度的就是既要找到客户的兴趣点，同时又要巧妙自然，不流露出刻意的痕迹。

3. 利益联想：当客户有了兴趣后，总会去联想：如果自己有了这套房子会怎么样？很容易把自己置身于情景中，感受它带给自己的利益。销售人员要给予适当的引导。

4. 希望拥有：如果经济条件允许，大家都希望能够长久拥有、并可永远享用。

5. 进行比较：当人们决定购买时，还会进行若干比较，找到最适合自己的产品，比较的过程就是权衡利弊的过程。

6. 最后确认：经过细心比较，参考专业人士的意见，结合自己的需求和经济能力，客户最终做出选择。当你了解到客户有准备购买的心理后，最好有意抬高姿态说："这套房快要没了，要不我再帮你挑套更好的？"你姿态一高，客户的购买意愿反而会更加强烈。

7. 决定购买：经历了前面复杂的思考过程，购买的过程往往很简单。当客户决定购买时，要快刀出手，客户想后悔都没有机会了。

获取客户好感的八个技巧

当对一个人有好感时,你一定会好意地回应他,如此双方的交谈就如沐春风。那么如何获得客户的好感呢?

1. 良好的外观印象:尽量给初次会面的客户留下一个好印象;穿着打扮都是影响第一印象好坏的主要因素,"推销商品前先推销自己"是必备的前提。

2. 注重先入为主的效果:给客户留下良好的第一印象是获得信任的开始,因此,塑造专业房地产经纪人的良好印象是使客户产生好感的第一步。

3. 要记住客户的相关信息:名字的魅力非常奇妙,每个人都希望别人重视自己,重视别人的名字,就如同看重他自己一样;了解名字的魔力,能让你不劳所费就能获得别人的好感。记住客户的一些相关爱好,会达到事半功倍的效果。

4. 注意观察客户的情绪:客户也是人,因为工作压力、感情、家庭等方面的原因,客户的情绪也有高潮期和低潮期,客户情绪的变化是无法事先掌握的,因此,如果初次面对客户,其情绪处于低潮,注意力无法集中时,最好能体谅客户的心境,见机行事,或者另找机会。

5. 让你的客户有优越感:让人产生优越感最有效的方法是对于他自傲的事情加以赞美;通过一句简单的赞扬,一下子就拉近了和客户的距离。客户的优越感被满足,初次见面的警戒心也自然消失了,彼此距离拉近,能让双方的好感向前迈进一大步。

6. 替客户解决问题:在与客户见面前,若能事先知道客户面临哪些问题,站在客户的立场上表达你的关心,让客户感受到你愿意与他共同解决问题,他必定会对你立刻产生好感。

7. 快乐心情,控制情绪:快乐是会传染的,没有一个人会对一位终日愁眉苦脸、深锁眉梢的人产生好感。能以微笑迎人,能让别人也产生愉快的情绪的人,也是最容易争取别人好感的人;通过自我沟通、自我暗示的方法,先让自己愉悦起来,再用这份愉悦和活力感染他人,这样就为你和准客户的沟通奠定了良好的基础。

8. 小赠品赢得准客户:针对客户的个人爱好,有针对性地将小赠品赠送给客户。不管拿到赠品的客户喜欢与否,他们会感到特别受尊重,内心的好感油然而生,从而达到你想要的目的。

四种信号表明就要签单

　　成交是销售代表的根本目的，如果不能达成交易，整个销售活动就是失败的。因此说，成交凌驾一切。要真正赢得客户，达成交易，获取订单，需要有效的成交技巧。作为营销人员，首先需要保持心态的平衡，才能够卓有成效地把握住成功机会。也就是说销售人员首先要有不怕客户拒绝的心理准备。

　　一般来说，成功的营销推介中有3～5个时机可以使销售代表达成交易，即使客户说"不"，只要把握好时机，也可以获得更多的信息以便将来成交。增加成交机会需要销售代表在推介过程中努力倾听，做到以下三条：捕捉和识别客户准备成交的信号；把握好成交的适当时机；同时运用一些有效的成交技巧，最后拍板成交。信号是指客户通过语言、行动、表情泄露出来的购买意图。客户常常不会直接说出其产生的购买欲望，而是通过不自觉地表露态度和潜在想法，情不自禁地发出一定的购买信号。

　　购买信号一：询问房屋的细节

　　客户询问该房屋的家电细节，实际上他已经发送出购买的信号。如果不想购买，客户是不会浪费时间询问房屋细节的。

　　购买信号二：询问价格

　　客户询问该房屋的价格，实际上他已经再次发出了购买信号。如果客户不想购买，一般情况下，客户是不会浪费时间询问产品价格的。

购买信号三：询问售后服务

客户询问该房屋的售后服务细节，实际上他已经第三次发出购买的信号。客户只有真心购买产品时，才会关心产品的售后服务。

购买信号四：询问付款的细节

当客户询问房屋相关方面的一些问题并积极讨论时，说明他很可能有购买意向，这时营销代表一定要特别加以注意。而当客户询问签售期、售后服务等方面的问题时，有可能就是马上签订合同的最好时机。一定牢记这样一句话：客户提出的问题越多，成功的希望也就相应越大。